AF310746

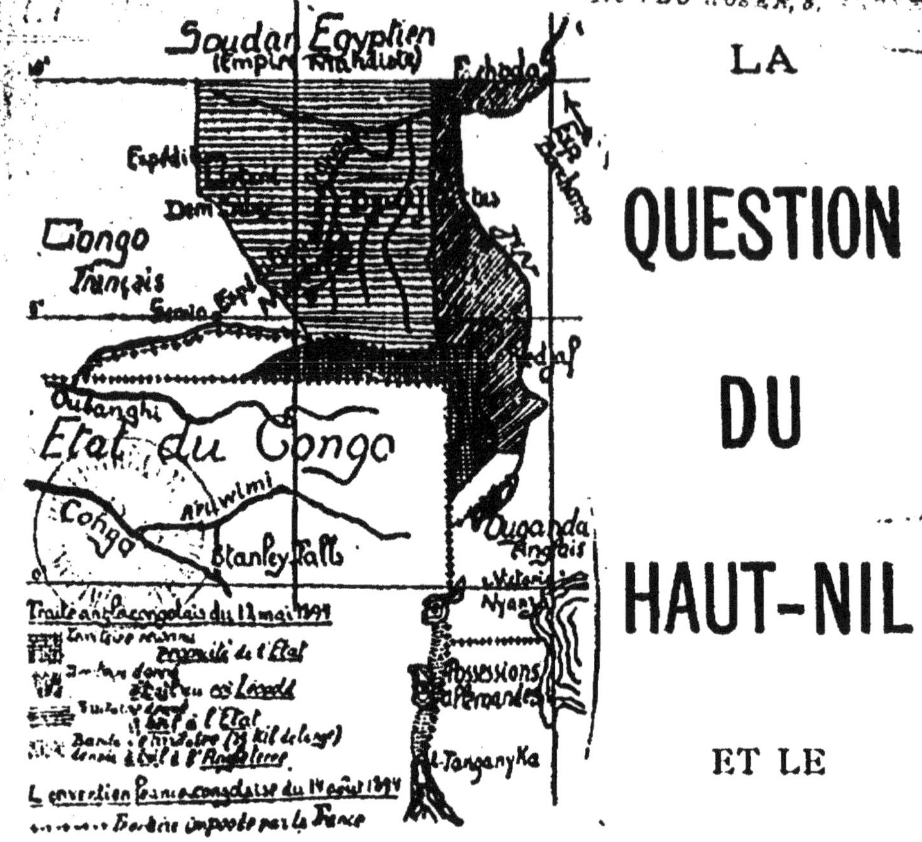

LA
QUESTION
DU
HAUT-NIL

ET LE

POINT DE VUE BELGE

PAR

VICTOR COLLIN

Licencié en sc. commerciales
Cand. en sc. politiques et sociales

—

Conférence donnée le 17 février 1899 à la

SOCIÉTÉ ROYALE DE GÉOGRAPHIE

D'ANVERS

—

Société An⁰ des Publications Anversoises
1899

La Question du Haut-Nil

et le Point de vue belge

PAR

VICTOR COLLIN

Et ancien en sc. commerciales
et md en sc. politiques et sociales

———>o<———

CONFÉRENCE DONNÉE LE 17 FÉVRIER 1899 A LA

SOCIÉTÉ ROYALE DE GÉOGRAPHIE

D'ANVERS

QUESTION DU HAUT-NIL

ET

LE POINT DE VUE BELGE

Un coup d'œil jeté sur la carte d'Afrique nous montre les deux grandes voies de pénétration vers les régions équatoriales. Ce sont le Nil et le Congo. Il y a d'autres fleuves importants en Afrique, mais aucun n'atteint un développement comparable au leur, aucun n'était destiné par la nature à jouer le rôle qu'ils jouent dans la transformation de cette partie du monde. Le Sénégal, l'Ogoue, le Vaal, le Limpopo, la Rovouma, sont des fleuves sédentaires, qui restreignent paresseusement leurs cours à une région uniformément caractérisée. Le Niger a trompé les suppositions des anciens, qui y voyaient un vaste détour du Nil reliant le Soudan égyptien au Soudan occidental. Le Zambèze est un fleuve austral qui s'écarte trop sensiblement de la région centrale des lacs. Seuls, le Nil et le Congo pénètrent au cœur du continent africain et, confondant leurs bassins, semblent créer la zône de con'act entre la civilisation sémitique et la barbarie noire.

Je dis *semblent*. Le premier coup d'œil, en effet, trompe. La nature, ici, s'est contredite. Il semble vraiment qu'après avoir ouvert la voie à la fraternisation des fiis de Sem et des fils de Cham elle ait regretté son œuvre et, en prévision des conflits futurs, entassé sur les deux routes les pires obstacles. La différence des climats, tout d'abord, a contribué à tenir éloignés les uns des autres des peuples de complexion différente. La Méditerrannée, autrefois, n'existait pas. Elle n'était qu'une série de grands lacs comparables au système lacustre de l'Afrique centrale. L'Espagne était soudée au Maroc ; la Tunisie se joignait à la Sicile et à l'Italie par un large isthme, la Grèce même tenait à la Cyrénaïque. Pourquoi la rupture s'est elle faite au nord plutôt qu'au centre ? C'est ce que nous diront les géologues. Toujours est-il que les pays de l'Afrique mineure ont conservé un climat doux, sans variations tranchées, semblable à celui des contrées de l'Europe du sud, tandis qu'aucune mer intérieure n'est venue tempérer celui des régions équatoriales. Entre ces deux parties du continent, entre les deux races qui l'habitaient les fièvres et la dyssenterie, le choléra et la phtisie traçaient une première ligne de barrières.

L'hostilité des hommes, c'est-à-dire leur défaut

d'intérêts et de conceptions communs, en formait une seconde. Entre la caste guerrière d'Egypte et les belliqueux Ethiopiens, l'entente n'était pas possible. Les populations du Soudan, les Niam-Niam anthropophages, les peuplades naines de la forêt étaient également intraitables. Les Arabes qui pénétrèrent dans ces régions y apportèrent l'esclavage, sujet de terreurs et de guerres continuelles. La religion elle même, au lieu d'adoucir les mœurs, exaspéra les esprits et le heurt qui ensanglanta l'Europe pendant des siècles se reproduisit sur ce coin de terre, l'islamisme arrivant d'Egypte, le christianisme pénétrant par l'Abyssinie.

Les voies de communication, d'ailleurs, étaient obstruées. Le Nil était coupé de cataractes et, dans son cours supérieur, s'attardait dans des marais couverts d'herbes entrelacées; le Congo, entre Matadi et Léopoldville, était fermé par une véritable muraille de Chine de chutes successives. Enfin, la grande forêt équatoriale, obscure et inextricable, dans laquelle Stanley chemina six mois, séparait les deux bassins.

Ceci explique l'ignorance de leur mutuelle existence dans laquelle ont vécu, depuis les âges les plus reculés, les peuples du Nil et du Congo. La civilisation de l'Egypte, initiatrice du monde, a tracé vers le nord son cours lumineux et a laissé dans les ténèbres l'Afrique équatoriale. L'orgueil des Pharaons et des Césars tenta à maintes reprises de percer le mystère des sources du Nil, de trouver la cause de ces débordements périodiques auxquels l'Egypte n'a cessé de devoir sa richesse. La plupart des tentatives qu'ils firent furent infructueuses ; et celles qui ne le furent pas s'enveloppent de détails légendaires qui permettent mal d'en apprécier l'importance, telle l'expédition des deux centurions de Néron, qui auraient atteint le confluent du Nil et du fleuve des Gazelles. La puissance des princes qui firent bâtir des monuments tels que les Pyramides et la Maison Dorée échoua contre les obstacles du Nil, dont, du reste, les marais étaient plus étendus et les cataractes plus hautes à cette époque qu'ils ne le sont aujourd'hui.

Pour triompher de tant de difficultés il n'y avait que la passion de la science et l'amour du lucre ou celui des conquêtes. On a dit avec raison, après la colonisation du Klondyke, que si le pôle nord recelait de l'or il serait déjà découvert. Le Bahr-el-Ghazal en contient certainement, mais i'Afrique équatoriale tout entière offrait aux aventuriers des richesses plus facilement accessibles encore, au premier rang desquelles figurait le « bois d'ébène », les esclaves. Arabes et Portugais rivalisaient d'activité et d'audace pour la découverte de nouveaux champs d'exploitation et des milliers d'esclaves étaient embarqués chaque année à la côte occidentale et à la côte orientale. Mais ces explorations incessantes ne servaient en rien à la science et n'ouvraient point la voie à la civilisation.

De bonne heure cependant l'étude désintéressée des régions équatoriales fut entreprise, mais il faut aller jusqu'à Burton et Speke, Baker et Livingstone pour les sources du Nil, jusqu'à Stanley pour le cours du Congo, avant de rencontrer un ensemble de notions permettant de caractériser avec quelque approximation le point de jonction des deux bassins. Et jusque là, que de courageux explorateurs ont perdu la vie pour n'avoir su arracher son secret au Sphinx qui veillait sur ces contrées défendues ! En 1816, c'est l'Anglais Tuckey et quarante neuf Européens de son escorte qui meurent en tentant de remonter le Congo : un seul blanc revit l'Angleterre! En 1843, c'est le Français Maizan qui succombe en essayant de gagner le Haut-Nil par la voie orientale ; en 1856, son compatriote Brun-Rollet expire à Khartoum au moment de reprendre le chemin des sources ; la même année, l'Allemand Vogel est assassiné dans le Oudaï, son compatriote Beurmann est massacré dans le même pays cinq ans plus tard ... D'autres noms connus allongent ce martyrologe, qui témoigne à la fois des dangers que présentent ces régions et de l'attrait qu'elles exercent sur les courages. Des explorateurs ont été plus heureux, Knoblecher, Trémaux, Bolognesi, Cailliaud, Sabatier et Armand, Krapf et Rebmann qui, dans la première moitié de ce siècle, ont reconnu le Haut-Nil ; Livingstone, qui explora le Kassaï en 1854, Nachtigal qui, de 1869 à 1874, relia le Tchad au Soudan égyptien. Mais c'est entre 1856 et 1864 qu'il faut placer la période des découvertes décisives dans la région des sources du Nil. Burton et Speke, partis de Zanzibar, découvrent le Tanganyka, et Speke, poussant seul vers le nord, aperçoit le Victoria-Nyanza. Livingstone enrichit la géographie du pays par ses observations sur le cours du Lualaba. Stanley, Chaillé-Long, Linant de Bellefonds complètent la description de la région des lacs, puis le reporter du *New-York Herald* se dirige sur Nyangwe, reconnaît le cours du Congo et au bout de deux cents quatre-vingt et un jours, il atteint l'Atlantique, révélant ainsi au monde l'existence d'un des plus grands fleuves et d'une des plus riches contrées qui soient.

Il avait fallu quatre siècles depuis la découverte des bouches du Zaïre par Diego Cam et vingt-deux siècles depuis la construction de la grande Pyramide pour que les deux fleuves souverains de l'Afrique consentissent à livrer le secret de leurs origines !

La route était ouverte désormais à la conquête étrangère. Nous ne rappellerons pas les travaux des nombreux explorateurs qui complétèrent la carte des deux bassins du Nil et du Congo. Le résultat de ces travaux est connu de tous, et c'est le résumé éloquent qui nous en apparaît quand se représente devant notre esprit la configuration de ces contrées partiellement conquises déjà aux influences européennes. Qu'il nous suffise de rappeler les noms attachés à cet œuvre d'un demi-siècle, plus féconde que ne l'avait été celle d'une ère entière. Ce sont ceux de l'Américain, de l'Anglais si vous préférez — et je pourrais même dire du Belge, puisqu'il fût un des fondateurs de notre empire africain — Henry Morton Stanley ; des Français Le Saint. Poncet, Lejean, Revoil, de Brazza, Dybowski, Maistre, Versepuy et de Romans, Foà ; des Anglais Baker, Jackson, Grant Elliot, Grenfell, Stairs, Bodson, Glave ; des Allemands Wissmann, von François, von Götzen, Heuglin, Schweinfurth, Ehlers, Peters ; dé la Hollandaise Tinné ; des Autrichiens Lenz et Emin-Pacha ; du Russe Junker ; et du Suédois Gleerup ; des Belges Crespel, Cambier, Popelin, Burdo, Ramaeckers, Becker, Storms, Hanssens, Liévin Van de Velde, Van Gèle, Coquilhat, Paul et George Le Marinel, Liebrechts, Moncri, Liénart. Baert, Van Kerckhoven, Moray, Miot, Descamps et Chargois, Milz, de la Kethulle, Delcommune et d'autres encore. Explorateurs ou soldats d'avant garde. ils achevèrent d'aplanir la route aux conquérants et aux administrateurs qui les suivirent et dont les progrès vont à présent nous intéresser plus exclusivement.

La question d'Egypte

Les premières tentatives pour la conquête du Nil équatorial devaient nécessairement partir de l'Egypte et l'état de semi-civilisation administrative qui y régna dès la première moitié de ce siècle les favorisa jusqu'à un certain point. Il faut aller cependant jusqu'à l'occupation anglaise pour découvrir l'impulsion énergique et raisonnée que nécessitait la difficulté du projet.

On a dit qu'il y a toujours eu et qu'il y aurait toujours une question d'Egypte. Placée sur la route la plus directe vers les Indes, au point de contact des trois parties du vieux monde, riche à la fois des productions de son sol et des perspectives qu'elle ouvrait sur l'Afrique inconnue, l'Egypte attirait en effet les conquérants et a connu de nombreuses invasions. Cependant Napoléon, après y avoir écrasé la puissance des Mameluks, l'abandonna à la Turquie, sa suzeraine, qui était incapable de la gouverner. Dans l'état d'anarchie où elle se trouvait réduite l'Egypte se soumit facilement à la royauté du « soldat heureux » dont parle Voltaire. Mehemet-Ali, officier de l'ancien pacha turc, s'empara du pouvoir, massacra les Mameluks qui lui faisaient opposition, réorganisa le pays avec le concours de quelques Européens, puis lança délibérément sa jeune armée sur l'Empire Ottoman qui s'affala au premier choc. Sa victoire provoqua l'intervention de l'Europe. Fit-elle bien, fit-elle mal ? Il faudrait disséquer la question d'Orient jusqu'aux nerfs les plus cachés pour résoudre ce problème. Encore aujourd'hui la politique des puissances consiste à retarder autant qu'il est en leur pouvoir la chute de l'empire ottoman et à garantir son intégrité dans de solennels traités, quittes, lorsqu'un des membres de ce grand corps parait se détacher, à laisser agir la force majeure des circonstances.

Une première fois, après la victoire de Konieh, les Russes vinrent camper devant Constantinople à l'appel du sultan Mahmoud ; une seconde fois, huit ans après, quand le successeur de Mahmoud voulut prendre sa revanche et se fit battre à Nezib, les puissances forcèrent les Egyptiens à rétrograder et Mehemet à se contenter de la concession de la Syrie et du gouvernement héréditaire, pratiquement indépendant, de l'Egypte et de ses dépendances soudanaises.

Ainsi, à deux reprises en moins d'un demi-siècle, ce pays avait senti peser sur lui la main dominatrice de l'Occident et cependant il sortait raffermi

dans son autonomie de cette double crise. Rien
ne nous dit que, sans un accident qui se produisit
dans le cours de son développement, il ne serait
pas libre encore aujourd'hui de l'ingérence européenne, autonome comme l'Arabie ou même indépendant comme le Maroc.

Cet accident, c'est le percement de l'isthme de
Suez.

Sous le règne de Saïd, troisième successeur de
Mehemet, en 1854. M. de Lesseps obtint un firman lui concédant l'entreprise du creusement du
canal. L'Angleterre s'émût. Une nouvelle route
maritime vers les Indes allait s'ouvrir, plus favorable et plus courte que celle du Cap-de-Bonne-
Espérance, et l'entreprise était entre les mains de
la France. Malgré les assurances données par
M. de Lesseps, l'Angleterre pouvait raisonnable-
ment craindre qu'une puissance ennemie n'utilisât
un jour le canal contre elle et ne mît en péril son
empire asiatique. L'attitude qu'elle observa en
cette occasion ne fût pas franchement hostile. Il
paraît certain néanmoins que son ambassadeur
près de la Porte ottomane insista pour le retrait
de la concession. Un des ministres turcs écrivit,
sous l'inspiration du grand-vizir Rechid, une lettre
à Saïd pour le prier de rapporter son firman : l'ambassade française en eut connaissance, la signala
au Sultan, qui changea son ministère (1). Quoi-

(1) Comte Benedetti. — *Essais diplomatiques. La question
d'Égypte.*

qu'il en soit, la cause du canal était si évidemment celle du progrès que l'Angleterre ne persévéra pas dans une attitude qui contredisait d'une manière aussi flagrante ses traditions nationales.

Désormais cependant le contrôle international, exercé sur les travaux et l'exploitation du canal, allait, par la force des choses, s'étendre au gouvernement de l'Egypte Après avoir inutilement tenté de racheter la concession, l'Angleterre, toujours poursuivie par ses craintes, reprit inopinément à Ismaïl, successeur de Saïd, pour une somme de 3,976,583 livres sterling, les 176,602 actions qui constituaient sa part. Cette opération, qui lui donnait dans la Compagnie une influence prépondérante, mit en défiance la France laquelle, à son tour, craignit que l'Angleterre ne tentât de s'emparer un jour du canal. Décidées à une surveillance réciproque, les deux puissances profitèrent de l'état déplorable dans lequel l'administration fastueuse d'Ismaïl avait plongé les finances égyptiennes pour entrer de concert dans l'administration du pays. Telle fut l'origine du contrôle financier franco-britannique.

Depuis ce moment jusqu'à la révolte d'Arabi, il serait difficile de constater chez l'une ou l'autre des deux puissances directement intéressées le désir de dissoudre le duumvirat à son profit exclusif. Au congrès de Berlin la France et l'Angleterre avaient proclamé leur entente en obtenant des représentants des puissances qu'elles demeureraient seules

chargées de l'administration égyptienne. Les intérêts des autres nations en Egypte étaient du reste
garantis par le système des tribunaux mixtes, qui
avait remplacé celui des capitulations en 1874, et
par l'organisation, en 1880, de la Caisse de la Dette
publique, qui donnait aux créanciers de l'Egypte
le droit de poursuivre devant les tribunaux le ministre des finances.

L'entente des deux nations se maintint pendant
la période pleine de vicissitudes qui vit la réorganisation des finances. Quand Ismaïl, cédant au pré-
jugé des partis nationaux, voulût sacrifier les
contrôleurs français et anglais, ce fût encore au
prix d'une commune action sur la Turquie suzeraine
que la France et la Grande Bretagne obligèrent le
Khédive à l'abdication.

La révolte d'Arabi brisa cette entente. Le gouvernement du Khedive s'était montré très faible
devant les revendications du parti soi-disant national, dont la tactique consistait à lutter contre
l'ingérence étrangère sans s'occuper de ce qu'elle
pouvait présenter d'utile au développement de
l'Egypte. Le succès ne manque jamais à ceux qui
flattent ce sentiment essentiellement populaire :
après le cabinet de Nubar-Pacha, celui de Riaz-
Pacha fût également renvoyé et Arabi finit par
entrer au ministère de la guerre. Au même moment la Chambre de notables, fondée en 1866 par
Ismaïl pour donner à l'Europe la mesure de son
progressisme, revendiquait pour elle les attribu-

tions du contrôle franco-anglais. C'était le gâchis, le retour aux gaspillages, aux concussions, à la turquerie administrative. La dignité des deux puissances en cause, autant que l'intérêt de l'Egypte, les obligeait à une prompte action.

Mais c'est ici que se montre la différence de procédé de la politique française et de la diplomatie britannique. Gambetta demanda tout de suite une démonstration énergique ; lord Granville, estimant que les choses n'étaient pas encore si avancées, plaida la temporisation. La France et l'Angleterre se trouvèrent d'accord encore pour empêcher l'intervention du Sultan et pour faire des représentations au Khedive au nom des « deux gouvernements, étroitement associés dans la résolution de parer par leurs communs efforts à toutes les causes de complications intérieures ou extérieures qui viendraient à menacer le régime établi en Egypte... » Quelques semaines après, de sous-secrétaire d'Etat, Arabi devenait ministre de la guerre. La crise s'aggravait.

A ce moment, en France, Gambetta était remplacé par M. de Freycinet. L'opinion s'agitait. Beaucoup de Français, avec M. de Lesseps, exaltaient le patriotisme du « parti national » : M. de Freycinet fût aussi hésitant que Gambetta avait paru déterminé. Il fit accepter à l'Angleterre un recours bien inutile aux puissances européennes, négocia avec l'Allemagne, puis, voyant qu'Arabi demeurait intraitable, changea brusquement d'attitude et proposa à lord Granville une démonstration navale. Il est permis de croire qu'il n'en prévoyait pas les conséquences. Le ministre anglais, dont l'attitude, au contraire, se modifiait normalement à mesure que les circonstances s'aggravaient, accepta. Une escadre franco-britannique parût devant Alexandrie et le ministère khédivial se soumit ; mais la Turquie protesta et fit mine d'intervenir. M. de Freycinet, pour parer au danger, promit maladroitement de s'en remettre une seconde fois au jugement des puissances si de nouvelles difficultés surgissaient. Cette attitude suffit pour encourager le parti national. Arabi refusa de quitter l'Egypte, et reprit le portefeuille de la guerre L'intervention armée devenait désormais indispensable. L'Angleterre tentait de la rejeter sur la Turquie. M. de Freycinet, n'y voulant pas croire encore, proposait une conférence à Constantinople. Or le Sultan refusait d'attaquer Arabi, et le 11 juin 1882 la population d'Alexandrie massacrait les Européens : il fallait en finir. Tandis que la France, à la conférence de Constantinople, faisait signer à l'Angleterre le fameux protocole de désintéressement où celle-ci s'engageait a ne rechercher « aucun avantage territorial », l'amiral Seymour se préparait à l'action et le cabinet britannique faisait prévoir une occupation prochaine de l'Egypte.

Les deux flottes stationnaient devant Alexandrie, qui se fortifiait. Les Egyptiens reçurent l'ordre d'interrompre les travaux, et refusèrent. Aussitôt l'amiral français Conrad vira de bord et quitta la rade ; l'amiral britannique Seymour commença le bombardement.

Dès ce moment, la France avait perdu pied en Egypte, et la politique incohérente de M. de Freycinet avait porté ses fruits. L'Angleterre était de bonne foi : on ne peut la rendre responsable en rien de cette reculade.

Après deux jours de bombardement, les marins britanniques occupèrent Alexandrie. Au mois d'août suivant, le général Wolseley débarquait trente cinq mille hommes à Port-Saïd. Arabi disposait de quarante mille hommes. Retranché d'abord à Kafr-el-Douar, il se porta en avant, occupa et fit solidement fortifier la position de Tell-el-Kebir. Le général Wolseley, qui avait pris le canal de Suez comme base d'opérations, marcha sur Tell-el-Kebir. Son avant-garde entra tout d'abord en contact avec douze mille Egyptiens envoyés à Kassassim par Arabi : le combat fût indécis. Wolseley occupa ensuite Kassassim avec quinze mille hommes et, le 13 septembre, se porta sur Tell-el-Kébir. Une forte canonnade ouvrit la bataille ; l'assaut fût donné aux retranchements et les Egyptiens mis en pleine déroute. Le lendemain, l'armée anglaise entrait au Caire et Arabi, déclaré rebelle par le khédive Tewfik, était fait prisonnier avec ses principaux officiers.

2

Que faisaient pendant ce temps la France et les puissances ?

La question du canal de Suez s'était représentée plus impérieuse que jamais, car sa neutralité paraissait en danger. L'Angleterre accepta volontiers cependant de s'en remettre sur ce point à la décision des puissances, mais la conférence de Constantinople tarda à la faire connaître. La France attendait d'elle un mandat pour occuper le canal de concert avec l'Angleterre : le mandat ne vint pas, et, lassée d'attendre, la Grande Bretagne fit occuper l'ouvrage le 31 juillet par l'amiral Seymour. L'avant-veille M. de Freycinet avait demandé des crédits à la Chambre pour y envoyer quatre mille hommes, ne les avait pas obtenus, et avait été renversé. Un nouveau changement ministériel en France allait donc achever de consolider l'occupation anglaise en Egypte.

On ne peut prétendre que dès cette époque l'esprit public en Angleterre nourrît à l'égard de l'Egypte l'espoir d'une annexion définitive. Le hasard avait fait aux vainqueurs de Tell-el-Kebir une position exceptionnelle, leur livrant sans coup férir une des plus beaux empires de l'Afrique. Mais un engagement solennel et récent leur rappelait qu'ils n'y étaient qu'à titre de pacificateurs et de tuteurs et que, « sauf le cas de force majeure », il ne leur était pas permis d'aller au delà. Une campagne de deux mois, la perte de deux ou trois cents hommes étaient un prix insuffisant pour une colonie de sept millions d'habitants On s'en rendait compte; on se rendait compte surtout du déshon-neur réel qui résulterait pour le Royaume-Uni d'un abus de l'occasion. Du reste le but primitif de la diplomatie britannique, la neutralisation du canal de Suez, était atteint sinon dépassé. Que fallait-il de plus?

L'insurrection mahdiste changea la situation.

Ces révoltes des marabouts soudanais sont assez fréquentes dans l'histoire des Etats barbaresques. Le Maroc, notamment, leur doit d'avoir changé déjà une demi-douzaine de fois de dynastie. «Quand, dit M. Gabriel Charmes(1) en parlant de ce pays, le Maghreb, cédant à l'attrait du progrès, s'est laissé affaiblir par les mœurs plus douces qui en résultent, quand il s'est livré aux délicatesses de l'esprit qui émoussent la barbarie des courages, quand, sans jamais arriver au scepticisme de la science, il s'est peu à peu relâché de ce que la discipline de la religion avait de trop étroit, de trop déprimant pour les intelligences, il s'est tou-jours trouvé, vers les bords du Niger, quelques marabouts strictement orthodoxes, appartenant plus ou moins à la race de Mahomet, pour soulever les élements sauvages et belliqueux qui s'agitent dans ces tristes contrées et pour les lancer vers le Nord.»

On en pourrait dire autant de tous les états

____

(1) *Une ambassade au Maroc.*

musulmans de l'Afrique mineure. Bien souvent, dans le cours des siècles, leur civilisation s'est écroulée sous la rafale de fanatisme venue du désert. Cette fois encore, l'Egypte aurait infailliblement subi ce sort, si l'envahisseur n'avait trouvé devant lui les officiers anglais, qui surent du moins utiliser, pour en faire une digue suffisante contre le flot montant, les débris de la faible armée égyptienne, dispersée et battue.

Mohammed-Ahmed, fils d'un charpentier de Dongola, affichait la prétention de continuer la série des prophètes d'Allah et de régénerer le Soudan dans la vraie foi. On envoya une poignée de soldats pour s'emparer de lui, comme s'il se fût agi d'une simple besogne de police : il les battit facilement, et son prestige en fut assuré du coup. C'est ainsi que commencent toutes les insurrections religieuses, témoin tout récemment encore celle du Conselheiro au Brésil. De 1881 à 1882, tous les officiers égyptiens se firent battre : Arabi, occupé dans le nord par Wolseley, n'avait pas trouvé de renforts à leur envoyer.

Quand le lieutenant-colonel Stewart vint à Khartoum, Sennaar était pris, le Kordofan et le Darfour en pleine insurrection. Obeid fût pris à son tour ; pour reprendre cette ville et en finir avec la rébellion, Hicks-Pacha partit avec neuf mille hommes de Souakim, passa le Nil à Khartoum, se laissa surprendre dans les défilés de Kasghil et fût massacré avec tous ses soldats. Le lendemain, 6 novembre 1883, le capitaine Moncriff et cinq cents hommes étaient également exterminés au sud de Souakim. Au commencement de 1884 Baker partit pour venger ces défaites : ses hommes, terrorisés, n'offrirent qu'une faible résistance et furent mis en complète déroute à El Teb. Sinkat et Tokar furent pris d'assaut par l'ennemi.

Le cabinet britannique recourut alors aux moyens héroïques, si l'on peut appeler ainsi l'évacuation totale du Soudan par les garnisons britanniques. Gordon, nommé pour la seconde fois gouverneur du Soudan, traversa seul, à dos de chameau, le désert, pour rejoindre son poste à Khartoum. Malgré les succès temporaires du général Graham, l'évacuation de Berber et de Dongola eut lieu. Peu après Gordon-Pacha était bloqué par les mahdistes. Il tint pendant six mois, galvanisant sa faible garnison, remportant sur ses innombrables ennemis des succès qui tenaient du prodige, recourant aux expédients les plus subtils pour prolonger la résistance, et ne cessant d'espérer en cette armée de secours que ses compatriotes lui avaient promise. Il était malheureusement trop tard. Wolseley, avec dix mille hommes, était parvenu à Dongola et s'y maintenait difficilement; les canonnières qu'il envoya devant Khartoum arrivèrent le 28 janvier 1885, mais la ville était prise depuis quarante-huit heures. Quelques jours auparavant, voyant que la fin approchait, Gordon avait envoyé au Mahdi toute la population civile, et s'était préparé à une résistance désespérée. Le 26, l'assaut fût donné ; les mahdistes pénétrèrent dans la ville, peut-être avec la complicité de quelques soldats de la garnison, et s'élancèrent vers le palais du gouverneur. Gordon descendit les degrés, la cigarette aux lèvres, tua deux des assaillants et tomba ; on lui coupa la tête, qui fût portée en triomphe au Prophète.

Cet événement produisit une émotion considérable en Angleterre. Jamais plus noble sang n'avait coulé pour la cause de l'Egypte. L'armée égyptienne, battant en retraite, recula et maintint à Wady-Halfa la frontière méridionale du pays. La mémoire de Gordon resta associée dans l'esprit des Anglais avec l'espoir d'une revanche prochaine et, il faut l'ajouter cette fois, de la consolidation du prestige et de l'influence britanniques dans toute l'étendue de l'Egypte khediviale. Prétexte si l'on veut que cette insurrection qui retardait l'évacuation de l'Egypte : ce prétexte au moins n'avait pas été cherché et avait, sur bien d'autres prétextes politiques, l'avantage de tenir par les racines aux sentiments l s plus respectables d'un peuple. Rien de pareil, par exemple, dans l'histoire de l'occupation tunisienne.

Les négociations de 1886-1887 relatives à l'évacuation, entamées par la Turquie et la France n'aboutirent pas. Le cabinet Salisbury, tout en déclarant qu'il cherchait le moyen de sortir «honorablement» de l'Egypte, suivit l'impulsion de l'opinion publique, qui voulait le rétablissement sur des bases nouvelles de l'administration égyptienne et la réorganisation de l'armée avec l'arrière pensée d'une reconquête du Soudan. Les Anglais sont remarquablement unis sur tout ce qui touche à leurs intérêts extérieurs. Gladstone, qui avait également déclaré que l'occupation de l'Egypte ne se perpétuerait pas, suivit, lorsqu'il revint au pouvoir, la ligne de conduite tracée par son prédécesseur. Deux faits du reste encourageaient le maintien de l'armée d'occupation britannique. Après la convention de 1888 qui neutralisait le canal de Suez et avait vu, pour la dernière fois, les puissances réunies traitant de la question d'Egypte, la France avait été abandonnée peu à peu et, isolée, pouvant compter à peine sur le concours passif de la Turquie et l'appui de complaisance de la Russie, en était réduite aux protestations platoniques. La prise de possession, en 1891, des territoires du haut Zambèze et du Nyassaland ouvrait en outre aux « impérialistes » enthousiasmés la perspective d'une Afrique anglaise du «Cap au Caire. »

Les crises traversées par l'empire ottoman paraissaient rapprocher beaucoup l'instant de la grande liquidation annoncée déjà par Chateaubriand et l'Egypte semblait destinée, au partage, à tomber tout naturellement entre les mains de l'Angleterre. Désormais les « little Englanders » seuls se hasardèrent à remonter le courant et ce fût un lieu commun que de faire rentrer l'Egypte dans la zône d'influence britannique. Le projet impérialiste prenait corps ; l'armée anglo-égyptienne, rigoureusement dressée par Kitchener, était prête ; le successeur du Mahdi, disait-on, était un tyran amolli et incapable ; on n'attendait plus que le moment propice pour détruire ses hordes, reprendre Khartoum, et porter sur le haut Nil le drapeau de l'Angleterre, avec le croissant égyptien...

Mais à ce moment la conquête du haut Nil était commencée déjà, par trois peuples différents, et de trois côtés à la fois, les Anglais arrivant de l'est, les Français de l'ouest et les Belges du sud.

La convergence des Français, Belges et Anglais vers le haut Nil

L'établissement de la France dans le territoire que nous connaissons aujourd'hui sous le nom de Congo français date de 1842. C'était à cette époque la colonie du Gabon, dépendante de la colonie du Sénégal. Libreville, le chef-lieu du Congo français, fût fondée en 1849. Jusqu'en 1875 cette colonie ne fit peu ou pas de progrès. A cette époque M. de Brazza remonta le cours de l'Ogoué et s'assura qu'il pouvait, par cette voie, se mettre en communication avec le Congo. En 1879, au moment où Léopold II venait de fonder le Comité d'Etudes du Haut-Congo et où Stanley recrutait ses Zanzibarites pour la conquête du bassin du Congo, de Brazza repartit par l'Ogoué, atteignit le grand fleuve et s'en vint fonder au lac Ntamo (plus tard Stanley-Pool) les deux stations de Franceville et de Brazzaville. Quant l'agent du roi des Belges arriva, il trouva le chemin barré par le drapeau de

la France et le pays occupé par la garnison considérable d'un sergent et de deux hommes. Il fallut
négocier. Ce ne fût que quatre ans après que
l'Acte de Berlin et un traité particulier avec la
France déterminèrent les zônes belge et française
et que chaque colonie fût assurée d'un hinterland
suffisant à son développement. Un traité subsé-
quent, conclu en 1887 avec la France, donna comme
frontière nord à l'Etat Indépendant du Congo le
thalweg de l'Oubanghi, dont le cours était encore
mal connu, avec cette stipulation que dans aucun
cas cette frontière ne descendrait au dessous du
4° de latitude nord.

La comparaison entre les travaux d'exploration
et de conquête des Français et des Belges dans
leurs colonies respectives est toute en faveur de
ces derniers. En 1884 déjà, Gordon-Pacha, atta-
qué par les mahdistes, jugeait suffisants les
moyens d'action de l'Association internationale
africaine dans le Bahr-el-Ghazal et la région du
Haut-Nil pour proposer à son gouvernement de
placer ces territoires sous l'autorité des Belges et
de leur en confier la défense. Lui-même aurait
voulu s'y jeter avec un corps égyptien et y tenir
tête au Mahdi avec Emin et Lupton Malheureusement, peu après qu'il eut fait cette proposition,
le blocus de Khartoum lui enleva toute possibilité
de la mettre à exécution. Lupton-Bey, le sucees-
seur de Gessi dans le gouvernement du Bahr-el-
Ghazal, finit par capituler et fût emmené en cap-

tivité ; Emin quitta l'Equatoria plus tard. Qui peut dire quelle tournure auraient pris les événements si le projet de Gordon avait été réalisé ?

En 1894, le point extrême de la pénétration française dans le bassin supérieur du Congo était El Kouti, localité située un peu au nord du coude de l'Oubanghi, et dont Dybowski avait « ouvert la route » en 1891 en allant à la recherche de Crampel. Celui-ci, l'année précédente, avait tenté de relier le Congo au Tchad et était mort assassiné. Les explorations de de Brazza et de de Maistre avaient complété utilement la cartographie de ces régions sans pénétrer cependant dans le haut Oubanghi. De sorte qu'en 1894, tout le pays situé au nord de cette rivière, véritable anticour du pays des Rivières, n'avait pas encore été pris en possession effective. (1)

Or, dès 1891, les Belges avaient équipé l'expédition Van de Kerckhove, que la mort accidentelle de son chef n'empêcha pas d'atteindre en 1892, sous le commandement du lieutenant Milz, Wadelaï, dans l'Equatoria. Quant au Bahr-el-Ghazal, il avait été exploré de 1892 à 1894 par Nilis et de la Kethulle, et par Donckier de Donceel. En 1894, le pavillon bleu étoilé d'or flottait à Katuaka, dans le Dar-Fertit, par environ 90° de latitude, le point le plus septentrional atteint dans ces régions ; il

____

(1) En 1891. l'explorateur Gaillard avait cependant atteint le confluent de l'Oubanghi et du M'Bomu. mais les Belges l'avaient devancé dans cette région.

flottait également à Liffi, entre Katuaka et Dem Siber. De son côté, Hanolet avait pénétré dans le bassin du Chari. Le 18 mars 1894, De Langhe et Bonvalot étaient entrés en contact avec les mahdistes et les avaient battus à Mundu, dans la vallée du Nil. Seul le retour offensif des derviches força les Belges à évacuer Katuaka et Liffi.

Du côté de l'orient la pénétration anglaise n'avait pas été moins rapide que celle des Belges. La France s'étant désintéressée des affaires de Zanzibar, une convention anglo-allemande de novembre 1886 avait délimité les possessions du Sultan. L'Allemagne avait acquis une zône d'influence allant de la Rovouma à la rivière Umba ; l'Angleterre se réservait les territoires situés au nord, auxquels une convention conclue avec l'Italie en 1891 donna comme limite septentrionale la rivière Djouba. Les sultans de Zanzibar et de Vitou conservaient leur souveraineté sur quelques îles. Ces deux petits potentats perdirent du reste bientôt leur indépendance. Vitou échût à l'Allemagne; un jugement arbitral du baron Lambermont attribua les îles de Lamou, Manda et Patta à l'Angleterre. Enfin le 1er juillet 1890 une nouvelle convention traça la frontières des zônes d'influence des deux puissances jusque dans la région des lacs : cette frontière traversait le Victoria Nyanza et atteignit la frontière de l'Etat du Congo au-dessous du lac Albert-Edouard, laissant ainsi l'Ouganda à l'Angleterre. Vitou et Zanzibar passaient définitivement sous le protectorat britannique et l'Allemagne obtenait en échange l'ilôt d'Heligoland, qui commande l'estuaire de l'Elbe.

Les nouvelles acquisitions britanniques furent faites pour le compte de la Compagnie de l'Est Africain, qui obtint une charte royale en 1888. Ses efforts se portèrent immédiatement dans la direction de l'Ouganda, qui passait pour la plus riche de sespossessions, et par la même occasion elle tenta de relier sa zône d'intérêts aux territoires du Haut-Nil.

Or, en 1886, Emin-Pacha et sa faible garnison, derniers débris de la puissance égyptienne dans la vallée supérieure du fleuve, se maintenaient encore dans la province de l'Equatoria. Junker, qui avait vu Emin à Wadelaï, arriva, en 1886 en Europe et demanda du secours pour « sauver » le pacha. Mis à la tête d'une expédition formidable, Stanley quitta les Falls le 22 avril 1886, traversa la grande forêt de l'Aruwimi et rencontra l'année suivante E in à Kavalli, sur le lac Albert-Nyanza. Le sauvé refusa tout d'abord de suivre le sauveur. Il avait des hommes et des vivres, tandis que Stanley, ayant perdu une grande partie de son monde et dans le plus mauvais état lui même, ne lui apparaissait guère sous des dehors engageants. L'Américain rentra dans la grande forêt pour aller rechercher son arrière garde, qu'il trouva complètement décimée : quand il revint, les hommes d'Emin s'étaient révoltés et le pacha consentait enfin à l'accompagner à Zanzibar, où ils arrivèrent dans les derniers jours de l'année 1889. (1)

La mort d'Emin, qui retourna plus tard dans l'Equatoria et finit par être assassiné par les Arabes, prouve bien le tempérament aventureux de l'illustre explorateur : il est possible que le danger qu'il courait dans sa province n'ait pas été si pressant, mais il est plus que douteux qu'il aurait su tenir encore pendant trois ans contre les mahdistes, jusqu'à l'arrivée des Belges. Dans tous les cas, son départ laissait la province équatoriale sans maitre : elle rentrait avec l'Ouganda dans la zône de conquête britannique.

De 1890 à 1892, le capitaine Lugard, dont l'administration fùt malheureusement assombrie par les luttes entre catholiques et protestants dans le royaume de Mouanga et par le massacre de janvier 1892, s'umit l'Ouganda et refoula les musulmans jusqu'au lac Albert-Edouard. Mais les frais de cette prise de possession ne permettaient plus à la Compagnie, dont les ressources étaient limitées, d'attendre le moment des bénéfices. Soutenue une première fois par les souscriptions spontanées du public anglais, elle se vit forcée finalement de céder sa charte au gouvernement britannique pour la somme de cinquante mille livres sterling. Le 19 juin 1894, l'Ouganda deve-

____

(1) Stanley. — *In Darkest Africa.*

nait un pays de protectorat anglais ; le 15 juin
1895, ce protectorat était étendu sur l'Ibea (Impe-
rial British East Africa) tout entier.

Il est facile, d'après ce qui précède, de se rendre
compte de l'état d'avancement de la colonisation
européenne dans la région du Bahr-el-Ghazal, du
Haut-Nil et des lacs en l'année 1894, au moment
où se produisit le premier choc sérieux des intérêts contraires, choc qui aurait fait surgir sur
l'heure peut-être, et par la faute apparente des
Belges, une question de paix ou de guerre que la
sagesse de Leopold II sût du moins ajourner à
quatre ans.

L'Angleterre avait achevé de délimiter sa
sphère d'action dans l'Afrique centrale par la convention conclue le 18 novembre 1893 avec l'Allemagne, où celle-ci s'engageait à ne pas exercer son
influence à l'est du bassin de Chari, ni sur le Darfour, le Kordofan et le Bahr-el-Ghazal. Par son
action dans l'Ougan la et l'Equatoria, le gouvernement britannique avait laissé planer la confusion sur les droits qu'il exerçait comme tu-
teur de l'Egypte et ceux qu'il possédait en propre.
Du côté de l'ouest les titres d'occupation acquis
par l'Egypte antérieurement à la révolte mahdiste,
— titres assez difficiles à établir en général —
limitaient seuls l'expansion du Congo français.
Une convention complémentaire avec la France
eut été une excellente précaution, mais il ne
semble pas qu'on l'ait cru très nécessaire, les auto-

rités de Libreville étant absorbées en ce moment par la prise de possession plutôt laborieuse de la vallée de l'Oubanghi. Le firman du 13 février 1841 qui reconnaît à Mehemet-Ali le gouvernement des provinces ottomanes de l'Afrique centrale ne parle que du « gouvernement de Nubie, Darfour, Kordofan et Sennáar, avec toutes leurs dépendances, c'est-à-dire avec toutes les annexes situées en dehors de l'Egypte », ce qui est vague. Par contre, la convention anglo-allemande de 1893 ne laissait aucun doute sur les prétentions anglo-égyptiennes au sujet du Bahr-el-Ghazal. (1)

Dans la prévision d'une campagne prochaine contre Abdullah, le successeur du Mahdi, l'Angleterre voulût s'assurer dans le sud un allié dont elle avait eu l'occasion d'apprécier l'énergie et l'esprit d'entreprise, et dont la diversion sur les derrières de l'armée mahdiste devait être précieuse.

Par la convention du 12 mai 1894 (2), elle donna

---

(1) Artikel IV ; par. 2. — Dabei wird vereinbart, dass der Einfluss Deutschlands Grossbritannien gegenüber sich nicht östlich über dass Flussgebiet des Schari hinaus ausdehnen soll ; und dass die Gebiete Darfour, Kordofan und Bahr-el-Ghazal, wie sie in der im Oktober 1891 von Justus Perthes veröffentlichten Karte verzeichnet sind, von der deutschen Interessensphäre selbst dann ausgeschlossen sein sollen, wenn sich herausstellt, dass Nebenflüsse des Schariflüsses innerhalb der vorerwähnten Gebiete gelegen sind.

(2) Une entente verbale, conclue en 1891, entre Léopold II et sir William Mackinnon, avait précédé ce traité.

à bail au roi Léopold, pour lui appartenir pendant
la durée de son règne, le territoire compris entre
la frontière nord du Congo, le 30ᵉ méridien Green-

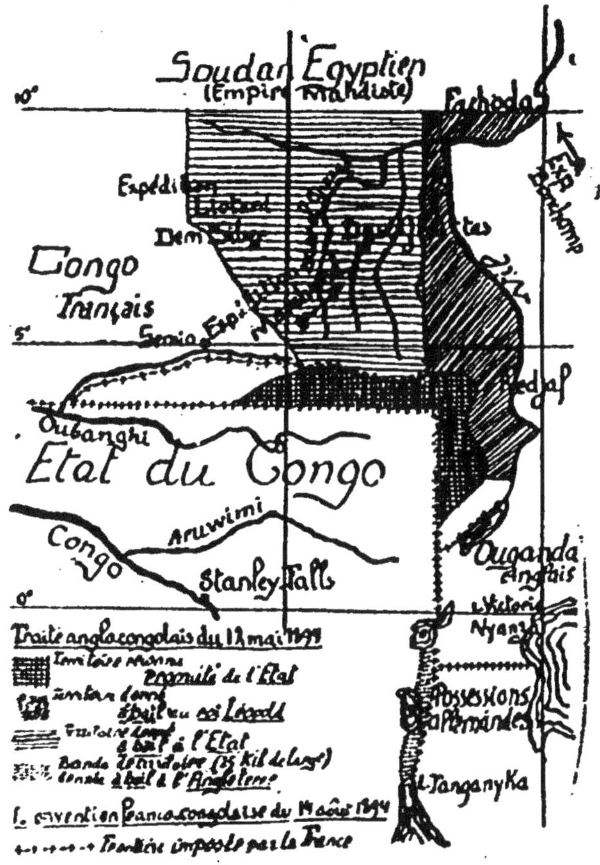

wich et le 10ᵉ parallèle, y compris la ville de
Fachoda ; et à l'Etat indépendant, pour le con-
server également après l'expiration du règne de

Léopold II, le bassin entier du Bahr-el-Ghazal. Ces territoires étant occupés ou parcourus, au moment de la convention, par des bandes de derviches, l'Angleterre était assurée de la coopération des Belges dans la lutte qu'elle allait entreprendre contre le Khalife. D'autre part, elle donnait un commencement d'exécution au grand projet impérialiste, à la *Cape-to-Cairo Route*, en obtenant de l'Etat du Congo la cession d'une bande de territoire de vingt-cinq kilomètres de largeur joignant l'Ouganda au Tanganyka et reliant par le lac son domaine du Nord à ses possessions du Sud ; puis en assurant à la future ligne télégraphique transafricaine le libre passage du territoire congolais. C'était une convention dont, en somme, les deux parties avaient le droit d'être également satisfaites, l'Angleterre réalisant ses vues ambitieuses, l'Etat du Congo ouvrant enfin son second débouché naturel, le Nil, s'achevalant, ainsi que le voulait sa constitution économique, sur le faîte qui sépare les deux plus grands fleuves de l'Afrique. (1)

---

(1) Nous croyons devoir donner ici le texte de cette convention, qui fût le point de départ d'un sérieux conflit et qui pourrait, après la victoire diplomatique de l'Angleterre sur a France, être remise en vigueur aujourd'hui :

Les soussignés, sir Francis Richard Plunkett, envoyé extraordinaire de Sa Majesté britannique et Ministre plénipotentiaire auprès du Roi des Belges, pour le compte du Gouvernement britannique, et

M. van Eetvelde, secrétaire d'Etat de l'Intérieur de l'Etat Indépendant du Congo, pour le compte du Gouvernement de l'Etat Indépendant du Congo, dûment autorisés par leurs

La conclusion du traité souleva une tempête à la Chambre française. MM. Etienne et Deloncle interpellèrent le cabinet Dupuy : les droits de la France en Egypte, l'intégrité de l'Empire ottomane, la neutralité de l'Etat du Congo et les stipulations de l'Acte de Berlin, tout fût remis sur le

Gouvernements respectifs, sont convenus des dispositions suivantes :

Sa Majesté le Roi des Belges, Souverain de l'Etat Indépendant du Congo, ayant reconnu la sphère d'influence britannique telle qu'elle est déterminée dans l'arrangement anglo-allemand du 1er juillet 1890, la Grande-Bretagne s'engage à donner à bail à Sa Majesté certains territoires situés dans le bassin du Nil, aux conditions spécifiées dans les articles suivants :

Article premier. — A. Il est convenu que la sphère d'influence de l'Etat Indépendant du Congo sera limitée au nord de la sphère allemande dans l'Est africain par une frontière suivant le 30e méridien est de Greenwich, jusqu'à son intersection avec la crête de partage des eaux du Nil et du Congo et cette crête de partage dans la direction du N. et du N. O.

B. — La frontière entre l'Etat Indépendant du Congo et la sphère britannique au nord du Zambèze suivra une ligne allant directement de l'extrémité du cap Akalunga sur le lac Tanganyka, situé au point le plus septentrional de la baie de Cameron, par environ 8°15 de latitude Sud, à la rive droite de la rivière Luapala, au point où cette rivière sort du lac Moero. La ligne sera ensuite prolongée directement jusqu'à l'embouchure de cette rivière dans le lac; toutefois vers le sud du lac elle déviera de façon à laisser l'île de Kilwa à la Grande-Bretagne. Puis elle suivra le thalweg de la Luapalo jusqu'au point où cette rivière sort du lac Bangueio. Elle suivra ensuite, dans la direction du Sud, le méridien de longitude passant par ce point jusqu'à la crête de partage du Congo et du Zambèze, puis cette crête de partage jusqu'à la frontière portugaise.

Article deuxième. — La Grande Bretagne donne à bail à S. M. Léopold II, Souverain de l'Etat Indépendant du Congo, les territoires ci-après déterminés pour être occupés et administrés par Lui, aux conditions et pour la période de temps ci-après stipulées :

tapis. M. Gabriel Hanotaux, qui faisait ses premières armes, promit d'être énergique. Depuis
quelque temps il existait un conflit latent entre
la France et l'Etat indépendant du Congo tou-
chant l'interprétation à donner au traité de délimitation de 1887. L'Etat s'y engageait à n'exercer

Ces territoires seront limités par une ligne partant d'un
point situé à la rive occidentale du lac Albert, immédiatement au sud de Mahagi et allant jusqu'au point le plur rap-
proché de la frontière définie au paragraphe A de l'article
précédent.

Cette ligne suivra la crête de partage des eaux du Congo
et du Nil jusqu'au 25° méridien Est de Greenwich et ce
méridien jusqu'à son intersection avec le 10° parallèle
Nord ; puis elle longera ce parallèle directement vers un
point a déterminer au Nord de Fachoda. Elle suivra ensuite
la thalweg du Nil dans la direction, du Sud jusqu'au lac
Albert et la rive occidentale de ce lac jusqu'au point indiqué
ci-dessus au sud de Mahagi.

Ce bail restera en vigueur pendant la durée du règne de
Sa Majesté Léopold II, Souverain de l'Etat Indépendant
du Congo.

Toutefois, à l'expiration du règne de Sa Majesté, il restera
en vigueur de plein droit en ce qui concerne tout la partie
des territoires mentionnés plus haut situés à l'ouest du 30e
méridien est de Greenwich. ainsi qu'à une bande de vingt-
cinq kilomètres d'étendue en largeur. à déterminer de commun accord. se prolongeant de la crête de partage des eaux
du Nil et du Congo jusqu'à la zône occidentale du lac
Albert. et comprenant le port de Mahagi.

Ce bail prolonge restera en vigueur aussi longtemps que
les territoires du Congo resteront. comme Etat Indépendant,
sous la souveraineté de Sa Majesté et des successeurs de
Sa Majesté.

Pendant toute la durée du présent bail. il sera fait usage
d'un pavillon spécial dans les territoires donnés à bail.

Article troisième. — L'Etat Indépendant du Congo donne
à bail à la Grande-Bretagne,pour être administree lorsqu'elle
l'occupera sous les conditions et pour la période ci-après déter-
minées, une bande de terre d'une étendue de vingt-cinq kilomètres en largeur, se prolongeant du port septentrional sur

aucune influence politique sur la rive droite de
l'Oubanghi, au nord du quatrième parallèle et le
quai d'Orsay soutenait qu'il fallait entendre par
là que ce quatrième parallèle ne pouvait être dépassé sur aucun point par les frontières du Congo
belge. A Bruxelles, on n'acceptait pas cette interprétation extensive, et M. Hanotaux, qui s'était
rendu quelque temps auparavant dans la capitale

---

le lac Tanganika, lequel port est compris dans la bande,
jusqu'au point le plus méridional du lac Albert-Edouard.

Ce bail aura la même durée que celui qui s'applique aux
territoires situés à l'Ouest du 30° méridien Est de Greenwich.

Article quatrième. — Sa Majesté le roi Léopold II. Souverain de l'Etat-Indépendant du Congo, reconnait qu'il n'a
et ne cherche à acquérir d'autres droits politiques dans les
territoires qui lui sont cédés à bail dans le bassin du Nil
qu'en conformité du présent arrangement.

De même la Grande-Bretagne reconnaît qu'elle n'a et ne
cherche à acquérir d'autres droits politiques dans la bande
de territoire qui lui a été cédée à bail entre le lac Tanganyka
et le lac Albert-Edouard qu'en conformité du présent arrangement.

Article cinquième. — L'Etat Indépendant du Congo
autorise la construction à travers ses territoires par la
Grande-Bretagne ou par une compagnie dûment autorisée
par le gouvernement anglais, d'une ligne télégraphique
reliant les territoires anglais de l'Afrique du Sud à la sphère
d'influence anglaise du Nil. Le gouvernement de l'Etat
Indépendant du Congo aura toutes les facilités pour relier
cette ligne à son propre système télégraphique.

Cette autorisation ne confère ni à la Grande Bretagne, ni
à aucune compagnie, personne ou personnes, déléguées aux
fins de la construction de la ligne télégraphique, aucuns
droits de police ou d'administration dans les territoires de
l'Etat Indépendant du Congo.

Article sixième. — Dans tous les territoires donnés à bail
par le présent arrangement, les nationaux de chacune des
parties contractantes jouiront réciproquement des droits et
immunités des nationaux de l'autre partie et ne seront soumis à aucun traitement différentiel.

belge avec M. Haussman pour faire triompher les vues françaises, avait complètement échoué dans sa mission. Jaloux de réparer cet échec, et peut-être aussi de s'affirmer par un coup d'éclat - car la valeur de M. Hanotaux, un nouveau venu, était alors assez discutée — le ministre français des affaires étrangères fût particulièrement pressant. Il trouva un appui dans l'Allemagne, que les projets britanniques inquiétaient.

Les droits de l'Egypte, dont M. Hanotaux se fît le champion, n'avaient pas précisément été ignorés comme on l'a prétendu ; car le jour même de la signature de la convention, sir F. R. Plunkett et M. Van Eetvelde avaient échangé des notes dans lesquelles ils certifiaient qu'ils n'ignoraient point « les revendications de la Turquie et de l'Egypte dans le bassin du Haut-Nil ». Pour sauvegarder complètement ces revendications, la France fit accepter au Roi-Souverain une convention rectificative qui prit la date du 14 août 1894, et qui réduisît la part du Congo belge au territoire connu sous le nom d'Enclave de Lado. La frontière nord fût reportée à la rivière M'Bomu, dont le bassin, occupé et mis en valeur par les Belges, passa incontinent aux mains des Français.

En foi de quoi les soussignés ont signé la présente convention et y ont apposé le sceau de leurs armes.
Fait en double à Bruxelles, ce 12 de mai 1894.
s/ FRANCIS RICHARD PLUNKETT.
s/ EDM. VAN EETVELDE.

Par un sentiment qui l'honore, et pour ne pas donner à cet incident, les proportions d'un conflit européen, Léopold II ne demande point de secours à la diplomatie britannique. Il obtint simplement que l'Angleterre ne se prévaudrait point de la cession de territoire qu'il lui avait faite (1) et renonça implicitement aux avantages que lui conférait la convention de mai. De sorte que cette convention, considérée comme non avenue à l'égard de la France, continua cependant d'exister aux yeux du gouvernement britannique, qui affecta d'ignorer toutes négociations auxquelles elle donnait lieu.

A le regarder de près, ce succès de la diplomatie française ne signifiait rien. Il suffisait de mesurer la ténacité des ambitions britanniques en Egypte et dans l'Afrique australe pour se rendre compte que tôt ou tard les Anglais s'ouvriraient un passage par la vallée du Nil supérieur et qu'il était prudent de ne s'y opposer qu'à bon escient, en mettant de son côté la force des armes et des alliances. La France n'y songea point. Apparemment grisée par

---

(1). — Déclaration du 22 juin 1894 :
In compliance with the request made by His Majesty the King of the Belgians. Sovereign of the Indépendent State of the Congo. that the Government of Her Britannic Majesty will consent to the withdrawal of Art. III of the Agreement of the 12 th May. 1894, the Undersigned, duly authorized by their respective Governments, agree that the said Article be withdrawn.
Done, in duplicata, at Brussels, the 22nd day of June 1894.
(ss.) : F. R. Plunkett
Edmond van Eetvelde.

sa victoire sur l'Etat du Congo, qu'une grande partie de la presse étrangère lui représentait comme une victoire sur l'Angleterre, elle crût qu'il lui avait suffi de se montrer, comme l'année précédente au Siam, pour repousser la « perfide Albion » et déjouer ses ténébreuses intrigues. Elle ne songeait point que les Anglais n'avaient que des intentions d'une importance tout à fait secondaire dans le royaume de Chulalongkorn tandis que dans la vallée du Nil les « british interests » avaient pris une trop belle efflorescence pour se laisser facilement déraciner.

Dès ce moment les vues françaises se précisèrent. Il fût question d'une zône d'influence trans-africaine, allant du Sénégal à la mer Rouge en coupant en deux tronçons l'Afrique anglaise.

De 1862 à 1888, par acquisitions successives, la France était devenue maîtresse de la baie de Tadjourah dans la mer Rouge, dont le port de Djibouti lui ouvrait, par le Harrar, l'accès de l'Abyssinie. Les Italiens, maîtres d'Assab depuis 1862 et de Massouah depuis 1885, furent autorisés au nom de l'Egypte à réoccuper temporairement la ville de Kassala, qui était tombée au pouvoir des mahdistes, et que le général Baratieri leur reprit. Les Anglais comptaient associer par là les Italiens à leur campagne contre les derviches comme ils y associèrent les Belges.

Pendant une dizaine d'années, grâce à son humeur conquérante, l'Italie domina la politique de l'Erythrée et de l'Ethiopie. Mais quand, sous le règne de Menelik, elle se vit infliger une série de revers qui se termina, le 1er mars 1896, par la terrible défaite d'Adoua, la France reprît peu à peu une influence prépondérante à la cour du Roi des Rois d'Ethiopie, grâce surtout aux Français que celui ci comptait parmi ses officiers et ses conseillers.

On vit s'organiser successivement les expéditions rivales du prince Henri d'Orléans et de M. Gabriel Bonvalot; du capitaine Clochette et du marquis de Bonchamps. Leur objectif était la conquête du Nil Blanc, dans laquelle ils paraissaient vouloir entraîner le gouvernement éthiopien, mais leur influence fût combattue à Addis-Abeba par l'envoyé britannique, M. Rennel Rodd; et en fait rien ne permet de croire jusqu'ici que Menelik se soit associé d'une façon ou d'une autre aux entreprises de la France sur le Haut-Nil.

En juin 1897, au moment où la mission Bonchamps atteignit la Didesa, affluent du Nil Blanc, le *Temps* annonça cependant qu'elle se préparait, avec le secours d'un R is abyssin, à établir solidement l'influence de la France sur la rive gauche du Nil Blanc et à venir à l'aide des Français qui arrivaient par la route de l'Oubanghi. A la même époque il était question de la présence du capitaine Liotard au poste de Semio, sur le M'Bomu, et du départ de son lieutenant, le capitaine Marchand, avec une centaine d'hommes et un bateau démontable,le *Faidherbe*, dans la direction de Djur-Ghattas et de Fachoda, où il devait, disait-on, opérer sa jonction avec le marquis de Bonchamps.

Ce mouvement audacieux provoqua en Europe un étonnement qui touchait à la stupeur. Mais, dans l'absence à peu près complète de nouvelles officielles, les grands organes de l'opinion publique furent plutôt sobres d'avis.Il était invraisemblable que le ministère des Colonies consentît à jeter ainsi une poignée d'hommes en plein Soudan, à portée de l'armée aguerrie du Khalife. D'autre part, la marche des Anglais sur Khartoum avait commencé et ils s'avançaient le long du Nil avec vingt mille hommes. De leurs côté les Belges avaient fait depuis 1894 des progrès sérieux dans la province équatoriale. Chaltin avait enlevé Redjaf aux mahdistes et la garnison de cette place, malgré la mutinerie militaire qui retenait une partie des forces de l'Etat dans le sud, était évaluée à cette époque par la presse à deux mille hommes. Un mouvement en avant était généralement prédit. Avec les moyens précaires auxquels le gouvernement français l'avait réduit, Marchand faisait médiocre figure entre ces deux forces.

Tout à coup, en décembre 1 97, le *Mouvement géographique* de Bruxelles reçut la nouvelle, assez vraisemblable au fond, du massacre de l'expédition Marchand par les indigènes du Bahr-el-Ghazal. Malgré les démentis, aussi peu démontrés du reste que la nouvelle elle-même,M. Wauters maintint l'exactitude de ses informations, de sorte que pendant quelque te nps la plus pénible incertitude règna sur cette affaire. Si la nouvelle était vraie, il fallait porter au martyrologe africain uue nouvelle liste de noms, parmi lesquels ceux de vaillants officiers dont la France avait le droit de s'en >rgueillir; si elle était fausse, l'arrivée de Marchand à Fachoda devenait probable et un grave conflit européen était en vue.

La reconquête du Soudan

On n'a pas suivi d'assez près, dans la presse continentale, cette campagne du Soudan qui peut passer pour le modèle des guerres coloniales et dont le *Times* a fait un éloge original, mais juste, en disant que, malgré la grandeur des résultats obtenus, elle était certainement la moins coûteuse de toutes les guerres du même genre (*the cheapest on record*). Jamais général n'entendit plus de prophéties de malheur que ie sirdar de l'armée anglo-égyptienne Kitchener ; jamais non plus, il faut le dire, campagne ne sembla organisée dans des conditions plus défavorables.

Le souvenir des défaites de 1884-85, encore vivace, donnait un prestige considérable aux cinquante ou soixante mille hommes que l'on attribuait au khalife Abdullah. Au lieu de partir avec une armée nombreuse et essentiellement composée d'éléments européens, Kitchener-Pacha quit-

tait Akasheh avec dix mille Egyptiens insuffisam-
ment encadrés de soldats anglais. Du reste, le
désastre d'Adoua n'était pas fait pour inspirer
une confiance illimitée dans la supériorité d'arme-
ment. On n'osait parler que de la réoccupation de
Dongola, et il n'était point question de reprendre
au khalife le reste de ses possessions.

« Il est parfois bon, écrivait un impérialiste sin-
cère, M. W. T. Stead, d'aller à la chasse du tigre ;
il n'est jamais sûr d'aller à la chasse d'nne de ses
oreilles. Un tigre comme le Khalife, dans ses rap-
ports avec ses emmemis, n'applique jamais le prin-
cipe de ia responsabilité limitée. » (1)

Le prétexte que l'on donnait dans les cercles
militaires était qu'il fallait aller au secours de l'Italie, battue à Adoua par les Abyssins, et qui était
sur le point de se voir attaquée à Kassala par une
forte armée derviche. On disait également que le
Khalife avait resolu de marcher sur Wady-Halfa
et sur Souakim, et qu'il faliait abattre la puissance
du tyran qui, pendant plus d'une décade, avait
commis au Soudan d'inouïes atrocités. Quand M.
Curzon, sous-secrétaire d'Etat pour les Affaires
étrangères, s'en vint apporter à la tribune de la
Chambre des communes les résolutions du gouvernement et les raisons sur lesquelles elles
s'appuyaient, il y eut une tempéte de protestations.
Les Irlandais applaudirent au désastre de l'Italie

---

(1) *Review of Reviews.* mars 1896.

et M. Labouchère parla de « l'hypocrisie » du gouvernement britannique. « On met en avant la civilisation, s'écria-t-il ; quand on veut massacrer des hommes libres, c'est toujours au nom de la civilisation ! »

Or, pour se faire une idée de ce que c'étaient que les sujets du Khalife, il faut lire les récits du père Ohrwalder et de Slatin-Pacha, qui tous deux furent ses prisonniers. Abdullah avait assassiné tous les parents du feu Mahdi qui pouvaient lui porter ombrage ; il avait fait massacrer des tribus entières pour les remplacer par des tribus venues de l'ouest dans lesquelles il avait une confiance plus grande ; il n'y avait plus dans son empire ni instruction, ni justice, ni industrie, ni commerce, sauf le commerce des esclaves ; la religion elle-même, avait été modifiée par le Khalife, qui avait supprimé quelques prescriptions essentielles du Koran, notamment celle du voyage de la Mecque.

Près de Khartoum en ruines il s'était bâti une capitale nouvelle, Omdurman, dont l'énorme population était due à la dépopulation des régions avoisinantes. Les épidémies faisaient rage dans l'empire. Slatin a écrit : « Soixante quinze pour cent au moins de la population totale a succombé à la guerre, à la famine et aux épidémies et de ce qui reste la majorité ne vaut pas beaucoup mieux que des esclaves ». (1) Tels étaient les hommes libres de M. Labouchère.

---

(1) *Feuer und Schwert im Sudan.*

A la vérité le gouvernement britannique s'était rendu un compte plus exact que les nombreux publicistes qui critiquèrent ses actes de la situation de l'empire mahdiste, lequel était en pleine décadence (1). Il savait également à quoi s'en tenir sur la valeur de l'armée anglo-égyptienne que Kitchener-pacha et ses officiers avaient réorganisée et exercée pendant dix ans en vue de la reconquête du Soudan. Sous ce rapport il a donné un grand exemple aux autres gouvernements, qui trop souvent en pareils cas, se laissent mener par « l'esprit public » ou ce qui est appelé tel — un agglomérat d'appréciations incompétentes et de sentiments irraisonnés (2).

Pour mener la campagne, l'Angleterre puisa cinquante mille livres sterling dans la caisse de la Dette. L'Autriche, l'Allemagne et l'Italie approuvèrent; mais la Russie et la France suscitèrent au gouvernement égyptien un procès des créanciers étrangers qui finit par l'obliger à la restitution de cette somme Ce procès n'arrêta point l'action

(1) Voir à ce sujet un article paru dans le *Mouvement anti-esclavagiste belge* de janvier 1896.

(2) Parmi les publicistes qui critiquèrent la décision du gouvernement, beaucoup cependant étaient connus pour la sûreté de leur jugement. Citons le major Griffiths dans la *Fortnighly Review* d'avril, *Egypt and its frontier*; lord Farrer dans la *National Review, Egypt and England*; M. Wilfrid Blunt dans la *Nineteenth Century*. Dans le numéro suivant de la *Fortnighly*, le major Griffiths, il est vrai, se rétracta. Nombre d'hommes politiques, libéraux pour la plupart, protestèrent également, dans des discours, contre la campagne.

anglaise, non plus que les protestations impuissantes de M Berthelot, ministre français des affaires étrangères, à qui cet insuccès coûta son portefeuille.

Tandis que des renforts importants, consistant principalement en troupes du Bengale, étaient concentrés à Souakin, le sirdar quittait Akasheh et le 7 juin, prenait contact avec l'avant garde d'Osman-Digma, le vainqueur de Baker, à Firkeh. Malgré une résistance acharnée les derviches furent mis en pleine déroute et leur camp, avec tous les chevaux, mulets, chameaux et approvisionnements, tomba aux mains des Anglo-Egyptiens, à qui ce premier succès ne coûtait ni un tué ni un blessé Le surlendemain, usant de cet avantage, le major Burne-Murdoch enlevait Souardeh avec sa cavalerie. Lord Salisbury profita de la bonne impression causée par ce double fait d'armes pour annoncer à la Chambre des Lords qu'il ne comptait point dépasser cette année Dongola, mais que cette campagne n'était qu'un pas de fait vers la reconquête de Khartoum.

Kitchener concentra toutes ses troupes à Ferkeh, puis avec 15,000 hommes, formés en quatre brigades, il se porta sur la troisième cataracte, à Kerma, en face de Dongola. Les derviches battaient en retraite à son approche sans lui offrir le combat : l'opinion publique en Europe y vit longtemps une manœuvre pour attirer le corps expéditionnaire plus au sud. Dongola tomba sans coup férir, le 22 septembre.

L'ennemi retranché à El-Hafir, sur la rive gauche du Nil, avait été mitraillé au passage par les canonnières de Stanley-Colville, qui étaient allées débarquer plus au sud un détachement du régiment du Staffordshire : quand les derviches abandonnèrent El-Hafir au moment de l'arrivée des Anglo-Egyptiens sur la rive orientale, ils se virent pris entre deux feux et se dispersèrent dans le désert sans défendre la ville. Sans s'arrêter, le sirdar fit occuper plusieurs localités situées au sud de Dongola et atteignit Korti, sur la boucle du Nil à mi-chemin d'Abou-Hamed.

La campagne était terminée pour cette année. Elle avait été accomplie avec une extrême facilité et les Anglo-Egyptiens n'avaient guère souffert que par le cholera, ce qui donna du reste l'occasion à la presse de demander une augmentation de crédits pour l'amélioration du service sanitaire de l'armée. L'opinion publique se retournait ; la plupart des journaux préconisaient maintenant la reprise de la campagne au printemps prochain. En attendant, Kitchener-Pacha, promu au grade de major-général et décoré de l'ordre du Bain, procédait activement à la réorganisation administrative de la « province de Dongola. »

En janvier 1897, à l'ouverture du Parlement, lord Salisbury à la Chambre des Lords, M. Balfour à la Chambre des Communes, défendirent la

politique du gouvernement en Egypte et annon-
cèrent la reprise des opérations du Soudan. Elle
eut lieu vers la fin de juillet. On avait appris que
le gros des forces derviches s'était retiré vers le
sud et que le Khalife concentrait toutes les troupes, les approvisionnements et les chameaux dont
il disposait en vue des actions décisives futures.
Le sirdar transporta son état major à Merawi,
en aval de la quatrième cataracte;puis, au moment
où on s'y attendait le moins, il attaqua Abou-
Hamed et l'enleva d'assaut, le 7 août. Ce fait
d'armes fût accompli par la colonne du général
Hunter, composée de quatre bataillons d'infanterie, d'une batterie d'artillerie et d'un petit détachement de cavalerie.

Les derviches étaient environ mille. Après une
lutte corps à corps dans les rues étroites de la
ville, ils lâchèrent pied, ayant perdu la moitié de
leur effectif et laissé leur chef, Mahomed-Zein,
aux mains des vainqueurs. Ceux-ci, de leur côté,
perdaient deux officiers anglais tués et soixante
et un blessés. Mais le résultat obtenu était considérable : la route de Wady-Halfa à Abou-
Hamed, à travers le désert,était désormais ouverte
et le chemin de fer allait pouvoir être poussé
activement dans la direction de Berber. A part r
de ce moment, en effet, la locomotive ne cessa de
suivre le corps expéditionnaire, lui apportant des
renforts ou des approvisionnements, évacuant ses

blessés sur les hôpitaux d'Egypte. Ce fût un des facteurs principaux de la victoire finale.

La prise de Berber, le but de cette seconde partie de la campagne soudanaise, n'était plus qu'une question de jours. A la fin d'août, en effet, Berber et le bourg d'Ed-Damer, situé au confluent de l'Atbara et du Nil, étaient occupés par les tribus arabes que Kitchener-Pacha avaient ralliées à sa cause. Les derviches s'étaient retirés vers le sud et se concentraient à Metammeh, où, disait-on, des retranchements redoutables étaient élevés. Les dernières troupes d'Osman-Digma évacuaient la route de Souakim et le commerce qui existait entre cette ville et la Nubie se rétablissait comme par enchantement.

Dans les derniers mois de l'année eurent lieu des négociations avec l'Italie relatives à la rétrocession de Kassala, qu'elle occupait temporairement en vertu de l'accord de 1881. La garnison italienne, qui y avait vaillamment repoussé une attaque des derviches l'année précédente, l'évacua à la Noël pour faire place à un corps essentiellement composé d'auxiliaires arabes sous le commandement du colonel Pearson. Celui se porta sur l'Atbara et enleva aux derviches les postes fortifiés d'Osobri et d'El-Fasher. L'Atbara devenait ainsi la nouvelle base d'opérations de l'armée anglo-égyptienne.

Jusqu'ici les heurts entre les forces du Khédive et celles du Khalife avaient été relativement

bénins. Nulle part le sirdar Kitchener n'avait ren-
contré une véritable armée derviche lui offrant
bataille rangée et se comportant avec l'indompta-
table courage dont les sectateurs de Mahomed
Achmed avaient naguère donné de si terribles
exemples. Cependant, cette armée existait ; on en
signalait la présence à Metammeh et tout laissait
prévoir que l'attaque des derniers remparts de l'empire mahdiste n'irait pas sans combats acharnés.

Aussi la prudence tempérait-elle l'enthousiasme
qui avait gagné peu à peu le public anglais à
mesure que le pavillon de la Reine se rapprochait
de l'ancien palais de Gordon. De grandes précau-
tions étaient recommandées à Kitchener-Pacha,
qui n'avait certainement pas attendu qu'on le lui
conseillât pour en reconnaître la nécessité. Vers
la fin de février on apprit que l'armée derviche,
sous le commandement de l'emir Mahmoud et
d'Osman-Digma, avait quitté ses retranchements
de Chendi (Metammeh) pour s'avancer dans la
direction de l'Atbara et qu'elle campait dans la
brousse.

Le sirdar avait reçu des renforts considérables
en troupes britanniques en prévision du choc.
Les nouvelles se précisèrent bientôt et l'on sût
par des Arabes amis que les derviches s'avançaient rapidement à marches forcées et dispo-
saient de forces considérables. Quelques escar-
mouches d'avant-garde eurent lieu dans lesquelles
l'avantage resta aux Anglo-Egyptiens.

Kitchener, voulant alors couper la retraite à Mahmoud, envoya le 28 mars trois canonnières, commandées par le major Hickman, devant Chendi. La position fut bombardée et incendiée ; le 15ᵉ bataillon égyptien débarqua, enleva les retranchements et mit en fuite la garnison. Elle eût cent soixante tués ; six cent quarante prisonniers furent faits par les Egyptiens, qui ne perdaient pas un homme. Coupée de sa base de ravitaillement, l'armée de Mahmoud fut bientôt en proie à la disette ; il ne lui restait qu'à se replier sur Omdurman ou à attaquer. Les ordres d'Abdullah étaient formels : elle avança à la rencontre des Anglo-Egyptiens.

Le sirdar n'attendit pas l'attaque. Mahmoud avait dix neuf mille hommes et s'était fortifié près de l'Atbara. Kitchener-Pacha quitta sa position d'Umdabia la veille du Vendredi-Saint, et après une marche de nuit surprit les derviches à l'aurore. Son armée se composait de cinq régiments anglais, de Highlanders et de deux brigades soudanaises ; il disposait de trente six bouches à feu dont douze canons Maxim.

La bataille commença par un violent bombardement des retranchements mahdistes par le colonel Long. Quoique les boîtes à mitraille eussent causé à l'ennemi des pertes considérables, pas un derviche ne se montra : suivant l'ordre qui leur avait été donné ils attendaient que les Anglo-Egyptiens fussent à bonne portée pour tirer.

Après une heure d'un bombardement impitoyable, le sirdar lança ses brigades à l'assaut de la position, qu'elles enlevèrent à la bayonnette. Les derviches tirèrent mal et se firent tuer intrépidement sur leur retranchements. Trois mille d'entr'eux périrent ; l'armée du Khedive eut trois officiers et quinze soldats européens tués, cinquante et un soldats égyptiens tués et en tout quatre cent trente blessés. Osman-Digma, qui était en désaccord avec Mahmoud, avait fui dès le début de l'action. Quant à Mahmoud, il fût découvert se cachant sous un lit. Il se montra hautain à l'égard de Kitchener et se contenta de répliquer à Slatin-Pacha, qui lui rappelait leurs relations anciennes : « Attendez que vous soyez à Khartoum. »

Le récit de la bataille produisit une grande impression en Angleterre. Elle était, comme le disait un correspondant du *Daily Mail*,« proprement ajustée, bien huilée, filant doux, un travail d'horlogerie, un parfait chef-d'œuvre de bataille.» Kitchener se révélait comme un stratège remarquable et aussi comme un excellent instructeur, à en juger par la façon dont il avait avait transformé en quelques années le soldat égyptien, qui, à ce qu'on disait couramment encore la veille, « ne savait pas se battre. »

On pouvait croire, après l'Atbara, à la fuite prochaine du Khalife et à la prise de Khartoum. Il n'en fût rien. Tout ce que l'empire du Soudan comptait encore d'hommes valides et dévoués se réunit à Omdurman, et il se forma dans la capitale une armée de beaucoup plus formidable que celle qui venait d'être détruite. C'est là, à proximité des ruines du palais de Gordon et du tombeau du Mahdi, que devait se jouer le dernier acte de la tragédie. Khartoum pris, le Soudan entier et ses dépendances tombaient aux mains des vainqueurs et les Anglais reliaient du même coup, par la voie du Haut-Nil, l'Egypte qu'ils occupaient à l'Ouganda qu'ils possédaient.

A la fin de mai, le Khalife fit évacuer le défilé de Shabluka, à la sixième cataracte, qui défend les approche d'Omdurman et où les Anglais s'étaient attendus à éprouver une sérieuse résistance. Le sirdar Kitchener concentra ensuite toutes ses forces à Djebel Royan, localité située à une quarantaine de milles de la capitale soudanaise.

Le 28 août, l'armée anglo-égyptienne marcha sur Omdurman. Le sirdar prévint le Khalife de mettre en sureté les femmes et les enfants, parcequ'il avait l'intention de bombarder la ville. Le 1er septembre, il arriva en vue d'Omdurman ; ses vedettes lui signalèrent alors l'approche de forces considérables qui sortaient de la ville et se portaient à sa rencontre. L'armée se rangea en ordre de bataille autour du village d'Egeiga, ayant à sa droite les collines de Kerreri et devant elle les longues pentes déboisées du Djebel Surgham. Le Khalife avait espéré pouvoir attaquer Kitchener à Kerreri, mais la marche rapide des Anglo-Egyptiens l'avait surpris et il était obligé de prendre pour champ de bataille un endroit très favorable au développement des feux d'infanterie. Les canonnières, sous le commandement du major Keppel, remorquèrent vers la rive droite la batterie Howitzer. Les troupes auxiliaires enlevèrent deux villages, la batterie prit position et, en même temps que les canonnières, ouvrit le feu sur Omdurman. Les mauvais forts derviches furent rapidement réduits au silence et les obus anglais crevèrent le dôme de la tombe du Mahdi.

On s'attendait à une attaque de nuit. Il n'en fût rien. Les derviches n'attaquèrent qu'au lever du soleil. Au quart avant sept heures ils apparurent sur les pentes en masses formidables, que des évaluations subséquentes estimèrent à quarante ou cinquante mille hommes. Sans une hésitation, avec des cris sauvages, ils coururent sur la droite et le centre de l'armée composés de troupes anglaises et de Soudanais. Le feu s'ouvrit sur toute la ligne et exerça d'effroyables ravages sans parvenir à faire reculer les assaillants. Ceux qui tombaient étaient remplacés par les suivants : les bataillons madhistes fondaient mais ne cédaient pas Un grand drapeau blanc changea vingt fois de mains et se trouva finalement seul, entouré d'un demi-douzaine d'hommes, près des lignes anglaises : ils tombèrent tous les six et l'etendard tomba sur eux «C'est un spectacle magnifique, dit le comte Calderari, attaché italien, mais je regrette la mort de tant de gens braves ». Il était à peu près huit heures quand l'élan des derviches fût définitivement arrêté On estime qu'ils perdirent quatre mille hommes dans cette seule attaque.

Le mouvement avait été ordonné par le Khalife, qui se tenait en arrière avec la réserve et dont le grand drapeau noir dominait le champ de bataille; et par son frère Yacoub, qui commandait l'aile droite. L'aile gau he. commandée par Osman-Scheik-ed-Din, le fils d'Abdullah, fit alors un effort sur le flanc droit de l'armée anglo-égyptienne. Les Egyptiens, qui se trouvaient de ce côté, parurent d'abord plier sous la violence du choc, mais les canonnières remontèrent le Nil et vinrent les appuyer de leur artillerie. Osman fût r· poussé à son tour

L'attaque de l'armée mahdiste venait d'échouer sur toute la ligne et devant le front des troupes anglo-égyptiennes le terrain semé de cadavres enveloppés de burnous blancs apparaissait, d'après les dires d'un témoin oculaire, comme un vaste champ couvert de neige.

Kitchener-Pacha résolut alors de se porter sur Omdurman. Dans la direction de la ville, quelques bandes de derviches essayaient de se rallier : le général en chef confia au 2me lanciers le soin de les disperser. Les lanciers partirent et se trouvèrent soudain en présence d'un corps de deux mille hommes qu'un repli du terrain avait dissimulé à leur vue. Ils chargèrent, passèrent au travers des bataillons ennemis, se reformèrent de l'autre côté, et revinrent, réussissant, malgré l'énorme disproportion des forces, à mettre en déroute les derviches et à rester maîtres du terrain. Le lieutenant Grenfell et vingt lanciers furent tués, trois officiers et une quarantaine d'hommes blessés. Cette charge audacieuse est restée populaire en Angleterre.

A neuf heures et demie, les brigades anglo-égyptiennes reçurent l'ordre de se former en échelons et d'avancer. Mais le Khalife pouvait résister encore. En opérant son mouvement de conversion vers la droite, la brigade Mac Donald se trouva engagée ; il fallut envoyer la brigade Wanchope à son secours. Au même moment, les derviches qui avaient dû se retirer derrière les collines de Kerreri apparaissaient à leur tour et se précipitaient avec furie sur Mac Donald, qui, opérant rapidement une nouvelle conversion, fit face à ce nouvel ennemi.

Les brigades Wauchope et Lewis accoururent et les deux corps ennemis furent repoussés avec avec des pertes considérables. Les brigades Macwell et Lyttelton, arrivant à leur tour, rejetèrent en désordre les derviches d'Osman-ed-Din et leur coupèrent la retraite sur Omdurman. Toute l'armée du Khalife s'enfuit dans le désert. Abdullah lui-même, entouré d'une poignée de cavaliers, fut poursuivi pendant une quarantaine de milles par la cavalerie du khédive et ne dût son salut qu'au manque d'approvisionnements, qui força les pour-

suivants à s'arrêter. La bataille était irrémédiablement perdue pour lui et son empire était
anéanti.

Le sirdar entra immédiatement après à Omdurman, que les premières brigades anglaises
atteignirent à midi et demi. Le feu des canonnières
et de l'infanterie acheva de chasser des rues
d'Omdurman les derniers mahdistes. L'Allemand
Neufeld et cent cinquante autres prisonniers du
Mahdi furent remis en liberté. Le surlendemain
l'état-major se rendit à Khartoum, et les drapeaux
anglais et égyptien furent hissés côte à côte sur
les ruines du palais de Gordon (1).

La ba·aille d'Omdurman coùta aux derviches
environ dix mille tués ; aux Anglo-égyptiens une
cinquantaine seulement dont le capitaine Caldecott
et l'honorable Hubert Howard, correspondant du
Times, tué dans Omdurman par un obus anglais.
Elle valùt au vengeur de Gordon le titre de lord
Kitchener of Khartoum.

A l'enthousiasme qui accueillit en Angleterre la
nouvelle de cette brillante victoire succéda un
sentiment d'impatience : on avait hâte de voir le
drapeau britannique s'avancer plus au su l au
milieu de ces territoires sur lesquels la France,
depuis quelque temps, élevait de si pressantes prétentions. Lord Kitchener avait reçu des ordres

---

(1) Voir, pour le compte rendu de la bataille, le rapport
officiel du sirdar Kitchener et le récit du colonel Rhodes
dans le *Times*.

dans ce sens. Il devait prendre possession de la rivière Sobat, du haut Nil jusqu'à Fachoda et du Bahr-el-Ghazal, et tendre la main au major Mac Donald, à qui la pacification de l'Ouganda venait enfin de permettre la marche vers le haut Nil, où au major Cavendish, que, pour tout prévoir, le gouvernement britannique avait envoyé au commencement de l'année de la côte orientale. Ainsi s'achèverait la conquête du Soudan équatorial.

Or, le 10 septembre, une dépêche Reuter, arrivait à la presse européenne, que les journaux français eux-mêmes n'accueillirent qu'avec des réserves, et qui disait ceci :

«Omdurman, 7 septembre. – D'importantes nouvelles sont arrivées ici ce matin.

» Il paraît que quelques jours avant l'arrivée de l'armée anglo-égyptienne à Omdurman, le Khalifat, ayant été informé qu'une troupe blanche avait occupé Fachoda, avait envoyé aussitôt deux vapeurs pour s'assurer de la véracité de cette nouvelle. Un de ces vapeurs est revenu ce matin. Ayant trouvé la ville occupée par le sirdar, il s'est rendu à lui.

» Le capitaine de ce vapeur raconte qu'à son arrivée à Fachoda, il trouva cette place occupée par une troupe blanche qui ouvrit le feu sur les navires, il pût échapper à grand'peine à une destruction totale, plusieurs de ses hommes furent tués ou blessés.

» Des informations ultérieures semblent confirmer que la force qui a occupé Fachoda est française; les balles qui ont été trouvées dans la coque du vapeur paraissent avoir été tirées par des fusils français.

» La flottille des canonnières va remónter le fleuve aussitôt que possible ».

Le sirdar remonta en effet immédiatement le Nil, et atteignit Fachoda le 19 septembre.

Le drapeau français flottait sur la place et le commandant Marchand s'y trouvait depuis le 10 juillet.

L'affaire de Fachoda

SES RÉTROACTES DIPLOMATIQUES ET SES CONSÉQUENCES

Il n'y avait que deux aspects sous lesquels pouvaient se présenter, en droit international, les territoires litigieux du Haut-Nil et du Bahr-el-Ghazal. Ou bien, abandonnés sans restriction par l'Egypte, ils étaient devenus *res nullius* et appartenaient dans ce cas au premier occupant ; ou bien les droits de l'Egypte continuaient d'exister et le régime politique de ces territoires se rattachait directement au régime de l'Egypte.

La diplomatie française, depuis le début, avait eu le choix entre les deux politiques : la politique du *res nullius* et celle des « droits de l'Egypte ». Elle les adopta toutes les deux et, malgré leur incompatibilité, les confondit constamment. M. Delcassé, qui, comme secrétaire d'Etat des colonies, envoya en 1893 à M. Liotard, en ce moment sur le Haut-Oubanghi, les premiers renforts destinés à lui permettre de marcher vers l'est, était évidemment sous l'impression qu'il allait faire occuper des territoires abandonnés. A ce moment il n'était plus question des droits de l'Egypte (1), et cependant, comme M. Delcassé se l'est laissé dire plus tard par l'ambassadeur britannique, son initiative visait dès ce jour la conquête du Haut-Nil. (2)

Mais en mai 1895, l'avénement du cabinet Ribot mit M. Delcassé, ministre des Colonies, au second plan. Sous l'impulsion de M. Hanotaux, le nouveau ministre des Affaires étrangères, un changement de front se produisit dans la diplomatie de la République. Il s'agissait d'obtenir la dénonciation du traité anglo-congolais, qui donnait le haut-Nil et le Bahr-el-Ghazal au roi Léopold. On comprend que l'influence de M. Hanotaux ait été dominante puisque, chargé des négociations avec l'Etat Indépendant du Congo au sujet des délimitations franco-congolaises, il était mieux au courant que personne de la question. La doctrine du *res nullius* fût laissée pour compte à M. Delcassé et c'est au nom des *droits de l'Egypte* sur les terri-

(1) Il est à remarquer que l'année precedente la France avait refuse l'offre de l'Etat du Congo de partager avec elle le Bahr-el-Ghazal. sous prétexte qu'elle voulait « respecter l'integrité de l'empire ottoman ».

(2) « Sir Edmund Munson m'a dit avoir remarqué que M. Liotard... a rappelé qu'il avait reçu de moi, quand j'étais ministre des Colonies. la mission qui a abouti a notre installation graduelle dans la province du Bahr-el-Ghazal et qui, finalement, a conduit le commandant Marchand sur le Nil a Fachoda. »
M. Delcassé au baron de Courcel, octobre 1898.
Livre jaune français

toires cédés que M. Hanotaux força le roi Léopold, non point à dénoncer, mais à abandonner le traité du 12 mai.

Si la France, dès ce moment, avait continué dans cette politique, le remplacement de M. Delcassé par M. Hanotaux n'aurait encore été qu'un demi-mal. Mais à peine formulée, la doctrine des *droits de l'Egypte* fût mise en brèche... Par qui ? Par M. Hanotaux lui même.

En effet, après avoir donné comme limite septentrionale au Congo belge le thalweg du M'Bomou et la crête de partage des eaux du Congo et du Nil, la convention franco-congolaise du 14 août 1894 abandonnait au roi Léopold le territoire situé au sud du 5°30 (1). M. Gabriel Hanotaux, défenseur des droits de l'Egypte, apposait donc sa signature au bas d'un document qui livrait à un Etat étranger, sans restriction aucune, une partie de l'ancienne province d'Emin-Pacha.

Immédiatement après la conclusion du traité franco-congolais, la conquête du Bahr-el-Ghazal était décidée à Paris. M. Liotard quittait la France emportant ses instructions, prenait possession

---

(1) Art. IV. — L'Etat Indépendant s'engage à renoncer a toute occupation et à n'exercer à l'avenir aucune action politique d'aucune sorte à l'ouest et au nord d'une ligne ainsi déterminée :

Ce 30e degré de longitude est de Greenwich (17°40 de Paris) à partir de son intersection avec la crête de partage des eaux des bassins du Congo et du Nil. jusqu'au point où ce méridien rencontre le parallèle 5°30, puis ce parallèle jusqu'au Nil.

de la vallée du M'Bomou dans le courant de 1895 et, en février 1896, s'établissait résolument à Tambourah, sur le Djur, un des principaux affluents du Bahr-el-Ghazal. A M. Hanotaux avait succédé, dans le nouveau cabinet Bourgeois, le célèbre chimiste Berthelot, qui ne paraît pas avoir eu dans l'affaire des intentions très précises. Il tomba du reste en mars 1896 sur la question d'Egypte et M. Bourgeois ne reprit le portefeuille des affaires étrangères que pour un mois. En avril, un cabinet Méline prenait le pouvoir et M. Hanotaux rentrait au quai d'Orsay. L'interrègne n'avait du reste pas nui à l'expansion française dans le pays de Rivières. Elle était même si bien caractérisée que le 28 mars 1895 le sous-secrétaire d'Etat sir Edward Grey avait cru devoir, dans un discours prononcé au Parlement, définir nettement les intentions de l'Angleterre dans la vallée du Nil et qualifier d' « acte anti-amical » (*un friendly act*) toute tentative d'un Etat étranger de s'établir dans ces régions.

Si M. Hanotaux n'avait pas été sous l'impression étrange que la convention franco-congolaise fermait définitivement la question du Haut-Nil et que l'Angleterre était battue sur ce terrain, l'avertissement aurait été superflu. Mais le ministre français espérait fermement aboutir à mettre le Haut-Nil égyptien sous la tutelle française comme le Bas-Nil était sous la tutelle britannique. Et il se remettait à parler des droits de l'Egypte qu'il

5

avait méconnus quelques mois auparavant. « Les droits du Sultan et du khédive seuls planent (*sic*) encore sur les régions du Soudan et de l'Afrique équatoriale. . Les régions dont il s'agit sont sous la haute souveraineté du Sultan. Elles ont un maître légitime, le Khédive». (1) Sir Edward Grey ayant affirmé que la *sphère d'influence britannique couvrait toute la vallée du Nil*, M. Hanotaux protesta contre cette prétention et l'ambassadeur français, à Londres, refusa de la reconnaître. Le gouvernement de la Grande-Bretagne et ses représentants avaient, en effet, le tort de se servir souvent de l'expression *sphère d'influence* ou *zône britannique* au lieu de *sphère d'influence égyptienne*, façon de s'exprimer qui aurait désarmé la contradiction et ramené le nœud de la diffi ulté à sa place réelle, sous la rubrique question d'Egypte. M. Hanotaux tirait parti de cette confusion. «Vous désirez qu'à l'heure présente, et prématurément à mon avis, nous réglions l'avenir de ces régions... Vous nous présentez une réclamation vague, incertaine, formulée dans des termes qui prêtent à des interprétations diverses. Vous réunissez dans une seule phrase la sphère d'influence de l'Egypte et la sphère d'influence de l'Angleterre. Dites nous alors où s'arrête l'Egypte, où commence cette sphère dont vous parlez ! » A Londres, le baron de Courcel, dans une conversation avec lord

---

(1) Discours. prononcé au Senat, le 5 avril 1895.

Kimberley, déplorait la « pénible impression » qu'allait produire en France le discours de sir Edward Grey et s'étonnait de cette « prise de possession » par l'Angleterre des territoires du Haut-Nil.

Lord Kimberley lui répondit que la répétition d'une revendication déjà ancienne ne pouvait s'appeler une « prise de possession » et par la même occasion exprima l'espoir que le gouvernement de la République démentirait les bruits qui couraient au sujet d'une expédition française dans les territoires contestés. Il importe de noter qu'à ce moment Liotard était rentré au Congo muni de pleines instructions concernant l'occupation progressive du Bahr-el-Ghazal. Néanmoins le baron de Courcel fit une réponse dont la diplomatie française usa et abusa jusqu'au dernier moment : on ne savait rien à Paris, parceque les communications étaient difficiles en Afrique et les nouvelles rares. (1)

Nous constatons donc chez M. Hanotaux, en même temps que le désir de cacher son jeu, l'intention bien arrêtée de re mettre en travers des projets anglais. Cette politique incontestablement offensive ne s'étaye ni d'une théorie juridique précise, puisque lui même a méconnu sa doctrine des *droits de l'Egypte*, ni de moyens de guerre suffi-

---

(1) Lettre de lord Kimberley au marquis de Dufferin, Avril 1. 1895. Livre bleu anglais (Egypte, n° 2, 1898).

sants pour en imposer éventuellement à l'adversaire, comme la suite de l'affaire l'a démontré.

En avril 1896, nouvel avertissement. M. Curzon, sous-secrétaire d'Etat aux Affaires Etrangères, prononce un discours où il appuie la manière de voir de sir Edward Grey. Les Anglais, à cette époque, se préparaient à partir pour Dongola et ces paroles acquéraient par suite un signification plus grande encore. Quelle réponse y fait M. Hanotaux, qui depuis trois semaines seulement est rentré en possession de son portefeuille? La voici; elle est éloquente : le 25 juin le capitaine Marchand s'embarque à Marseille à destination du Congo, avec les capitaines Baratier, Germain et Mangin, dix sept autres officiers et sous-officiers, cent cinquante tirailleurs sénégalais, trois chalands en aluminium et deux petits vapeurs démontables, le *Duc-d'Uzès* et le *Faid'herbe*.

Le 23 juillet Marchand est à Loango, le 1er mars 1897 il quitte Brazzaville et se dirige vers le haut Oubanghi. En juin de la même année, Liotard occupe Dem Ziber, l'ancienne résidence de Lupton, le gouverneur égyptien du Bahr-el-Ghazal, comme il avait occupé Tambourah l'année précédente. Le capitaine Marchand et ses collaborateurs préfèrent la route Semio-Tambourah à la route Semio-Dem-Ziber et, à la fin de 1897, ils ont concentré tout leur monde et tout leur matériel dans la capitale des Azandés. C'est le moment ou Kitchener, ayant anéanti sur l'Atbara l'armée de l'émir Mahmoud, se prépare à marcher sur Khartoum.

Naturellement, les projets de Marchand font du bruit. Nouveau et solennel avertissement du gouvernement britannique au gouvernement français. Celui-ci vient de lui demander la reconnaissance des droits de la France sur les rives est et nord du lac Tchad. Par sa déclaration du 10 décembre 1897, l'ambassadeur britannique, sir Edmund Munson, subordonne cette reconnaissance au règlement d' « autres questions » et s'exprime comme suit sur les affaires du haut Nil : « Les » vues du gouvernement britannique, sur ce point, » ont été exposées nettement devant le Parlement » par sir Edward Grey, il y a quelques années, » pendant l'administration du comte de Rosebery, » et ont été communiquées en due forme au gou- » vernement français à cette époque. Le gouver- » nement actuel de Sa Majesté adhère pleinement » au langage employé à cette occasion par ses » prédécesseurs». Fidèle à son habitude, M. Hanotaux formule aussitôt (le 27 décembre) ses « réserves ». Il semble cependant qu'en présence de l'occupation par la France du Bahr-el-Ghazal égyptien, le moment était moins aux « réserves » qu'aux déclarations positives.

Au commencement de 1898, trois postes fortifiés ont été fondés déjà : Fort Hossinger, fort Desaix et Kodjoli. Marchand fait une première reconnaissance à Roumbek et pousse vers l'est

oour s'assurer que la garnison de Redjaf ne marche
pas sur Fachoda. Le capitaine Mangin dirige une
se onde reconnaissance sur Djur Ghattas; le lieutenant Largeau explore le Soueh, le capitaine Ba-
ratie pousse jusqu'au lac Nô et ils se rencontrent
sur le Bahr-el-Ghazal. Le pays étant ainsi reconnu et des points dh repère établis partout, Marchand remonte le Soueh, le Bahr-el-Ghazal et
arrive, comme nous l'avons vu, à Fachoda le 10
juillet.

De leur côté, les Anglo-Egyptiens ont avancé
aussi rapidement que l'a permis la résistance désespérée du Khalife et le 2 août, en prévision de
la chute prochaine d'Omdurman, lord Salisbury
écrit à lord Cromer de prescrire au sirdar l'envoi
de deux flotilles, l'une sur le Nil bleu, l'autre sur
le Nil Blanc. C'était lui ordonner de prendre possession de Fachoda au nom du Khedive. Omdurman tombe le 2 septembre : le conflit est désormais imminent. Mais M. Hanotaux n'est plus au
pouvoir pour jouir des effets de sa politique. La
chute du ministère Méline, suivie de celle de
l'éphémère cabinet Brisson, ont remis aux mains de
M. Delcassé les rênes de la politique extérieure de
la France. Il retrouve ses projets vagues de 1893
poussés jusqu'à leurs dernières conséquences par
son ancien disciple aux affaires étrangères, et
seul il va en supporter tout le poids.

Il importe mettre en regard des inconséquences
de la politique française la logique implacable des

diplomates anglaises. Pas un instant il ne consi-
dérèrent les territoires du haut Nil et leurs dépen-
pendances comme *res nullius.* S'ils occupèrent
l'Ounyoro ce ne fût que pour répondre aux attaques
des indigènes de ce pays. Dans la convention du
15 avril 1895 cédant temporairement à l'Italie
Kassala, les droits de l'Egypte sur l'hinterland de
l'Erythrée et la haute vallée de l'Atbara sont
expressément réservés (1). A la suite de l'accord
anglo-congolais de 1894 deux lettres de M. Van
Eetveide et sir Richard Plunkett attestent que les
hautes parties contractantes n'entendent point
ignorer les droits de l'Egypte. Ces droits sont
sous-entendus encore dans le traité du 15 novém-
bre 1893 où l'Allemagne s'engage à ne pas dé-
posser, au sud du Tchad, le bassin du Chari.

Sans doute le droit de la Grande-Bretagne d'agir
ainsi au nom de l'Egypte pouvait être mis en
doute, mais c'est au Caire qu'il faillait le contester
et non à Fachoda. La tutelle de l'Egypte, re-
connue implicitement par l'Europe à la France et
à l'Angleterre, abandonnée volontairement par
la France, continuait légalement tous ses effets

---

(1) Art. II. § 3. — Il est cependant convenu entre les deux
gouvernements que toute occupation militaire temporaire du
territoire additionnel spécifié dans cet article n'abrogera
pas les droits du gouvernement égyptien sur le dit territoire,
mais les droits demeureront seulement en suspens jusqu'à
ce que le gouvernement égyptien sera en mesure de réoccuper le district en question jusqu'au tracé indiqué dans l'art. I
de ce protocole, et d'y maintenir l'ordre et la tranquillité.

tant que l'Europe n'avait pas retiré son mandat à l'Angleterre. La solution de la question d'Egypte appartient évidemment à un congrès international et c'était folie à la France que de la vouloir résoudre par un moyen extraordinaire et détourné.

Il faut rendre cette justice à M. Delcassé qu'il se rendit rapidement compte de la situation. Si un combat avait lieu entre le sirdar et le capitaine Marchand, entre une armée et un demi-bataillon, le résultat n'en pouvait pas être douteux : anéantissement ou capture de Marchand, guerre entre la France et l'Angleterre. Or, au mois de février précédent, le collègue de M. Delcassé à la Marine, M. Lockroy, alors simple député, avait fait à la Chambre un tableau saisissant de l'état de non-préparation des escadres françaises. M. Delcassé — il faut l'en louer — n'eut dès la nouvelle de la prise de Khartoum plus qu'une idée : éviter à tout prix une guerre, et empêcher, par conséquent, un conflit entre Marchand et Kitchener. (1)

Le 6 septembre, il félicite sir Edmund Munson de la victoire d'Omdurman. et lui fait entrevoir en même temps la possibillité d'une rencontre du sirdar avec le capitaine Marchand : il exprime l'espoir que le commandant de la flottille anglo-égyptienne ne fera rien qui puisse mener à un conflit, ajoutant que de son côté Marchand a reçu

---

(1) Pour l'histoire diplomatique des négociations relatives à l'évacuation de Fachoda voir les deux *Livres bleus* anglais et le *Livre jaune* français publiés en octobre.

pour instruction de se considérer simplement comme un « émissaire de la civilisation ».

L'expression est digne de remarque. Elle constitue, avant tout conflit proprement dit, une concession considérable, étant donné surtout que la presse anglaise abaissait le capitaine au rang de simple explorateur, parlait d'une mission « scientifique », voire d'un vulgaire « pique-nique ».

Ce même 7 septembre, lord Salisbury reçoit de M. Rennell Rodd, du Caire, un télégramme lui annonçant que deux vapeurs du Khalife ont été reçus à coups de fusil à Fachoda par une troupe d'Européens. Ce n'est cependant, d'après le rapport de lord Kitchener, que le 15 septembre qu'il a capturé le vapeur derviche dont le capitaine lui a fait le récit que l'on connaît. Dans l'intervalle, lord Salisbury, bien renseigné comme on voit, a fait signifier par sir Edmund Munson à M. Delcassé qu'il considère que, « par suite des événements militaires de la semaine passée, tous les territoires qui étaient sous la sujétion du Khalife passent par droit de conquête aux gouvernements britannique et égyptien. » Il ajoute que le gouvernement de la Reine n'admettra pas de discussion sur ce point, mais qu'il consent à entrer en négociations au sujet de toutes les questions territoriales en controverse dans les régions « qui ne se trouvent pas affectées par la considération susmentionnée. » M. Delcassé se contente de répondre que l'expression « territoires soumis au Khalife » lui parait vague.

Comme on voit, le gouvernement français hésite, temporise, recule devant l'énorme responsabilité qu'il a assumée.

Le capitaine Marchand et ses braves compagnons sont loin de se douter en ce moment de ce qui se passe au quai d'Orsay. Il suffit pour s'en convaincre de lire la réponse adressée par le che de l'expédition française à Kitchener, qui l'informe de la défaite du Khalife et de l'arriv e prochaine des Anglais a Fachoda : « Je vous présente mes souhaits de bienvenue dans le Haut-Nil et prends bonne note de votre intention de venir à Fachoda *où je serai heureux de vous saluer au nom de la France.* » Le sirdar arrive, noue des relations très courtoises avec le Français, mais proteste verbalement et par écrit contre l'occupation de Fachoda et demande à Marchand si son intention est de s'opposer à ce que le drapeau égyptien soit hissé sur la place. Marchand hésite, puis répond qu'il ne peut l'empêcher. Le pavillon du Khedive est aussitôt arboré à cinq cents mètres du drapeau tricolore.

A qui donc appartient maintenant l'occupation effective de Fachoda ? Le sirdar dispose de troupes nombreuses, bien équipées, bien armées ; ses canonnières sillonnent le Nil en attendant que les locomotives en parcourent les rives ; il reprend possession, non point en sa qualité d'Anglais, mais

en sa qualité de sirdar, de généralissime de l'armée
du Khedive, d'une ancienne ville égyptienne.
Marchand n'a que cent vingt hommes avec lui, il
est campé, dit Kitchener, «sur une étroite bande de
terre, entourée de marais, coupé de tout accès
vers l'intérieur, ne possédant que trois petits
bateaux sans rames ni voiles et un vapeur insuffisant, récemment envoyé pour un long voyage
dans le sud, à court de munitions et de vivres, ses
compagnons épuisés par des années d'un labeur
incessant, et cependant persistant dans la suite de
son impraticable entreprise vis-à-vis de l'occupation effective et de l'administration du pays que
j'ai su établir».

Dans leurs lettres, Marchand et ses compagnons raillent eux-mêmes l'insuffisance des
moyens qu'on a mis à leur disposition.
On leur a, en réalité, fait jouer le tout pour le
tout. Les Anglais sont arrivés en écrasant sur leur
passage le Khalife et son empire. Cette poignée
d'audacieux, au contraire, étaient inévitablement
condamnés à périr sous la troumbache soudanaise
si Kitchener était arrivé seulement quinze jours
plus tard devant Omdurman. Attendons nous cependant à voir les Français se réclamer de leur
droit d' « occupation effective », mais quand il sera
démontré que le territoire n'est en aucune façon
res nullius, comment feront-ils pour représenter
les « droits de l'Egypte » en face de ce général
égyption, accrédité par le gouvernement égyptien,

qui vient de planter le drapeau égyptien sur territoire égyptien ?

Le sirdar nomme donc un de ses officiers, Jackson, gouverneur de Fachoda, passe outre et va prendre possession de la vallée du Sobat.

Le 18 septembre, M. Delcassé a une nouvelle conversation avec sir Edmond Munson. Les documents qui s'y rapportent accusent de plus en plus le désir du ministre français de diminuer le caractère officiel de l'expédition Marchand et le montrent confondant une fois de plus, en un système à tout faire, les doctrines dissemblables des droits de l'Egypte et du *res nullius*. Le capitaine Marchand n'est plus qu'un officier chargé de l'occupation et de la défense des territoires reconnus à la France par le Congo et de la relève des troupes ayant achevé leur temps de service, le tout « sous la haute direction du commissaire du gouvernement, M. Liotard. » Le seul chef de la mission est M. Liotard et cette mission remonte à 1893. Or, à cette époque le Soudan était perdu pour l'Egypte, c'est-à-dire qu'il était *res nullius*. Mais si la France était obligée d'envisager la question à un autre point de vue, elle peut soutenir que ses officiers ont autant de droit d'être à Fachoda que les officiers anglais d'être à Khartoum. Telles sont les idées de M. Delcassé à ce moment. Pour achever d'en marquer l'imprécision, il convient de citer ce passage de la lettre du ministre à M. Geoffray, ambassadeur de la République à Londres, où il parle de « la nécessité qui a conduit le capitaine Marchand à *garantir contre les Derviches* les possessions africaines » de la France.

Ce iuxe d'arguments n'empêche pas sir Edmund Munson de déclarer tout court que l'occupation de Fachoda par la France est un fait très grave, que l'Angleterre considère cette locaiité comme rentrant dans la sphère des anciennes possessions du Khalife et qu'elle « ne consentira jamais à transiger sur ce point ». C'est presqu'un ultimatum.

Pendant ce temps, des deux côtés de la Manche, la presse contribue à la controverse par de longues argumentations où la passion tient malheureusement trop de place. Les Anglais surtout sont exaltés : tous leurs journaux publient de longues colonnes de renseignements sur les forces navales des deux pays et leurs chances en cas de guerre. En France, ce nom de Fachoda, profondément ignoré la veille de la foule, devient soudain aussi populaire que le nom de Marchand. Mais puisque, comme l'a dit Gœthe, « on reconnait les Français à leur ignorance en géographie », l'exaltation des esprits, si prompte en France, manque cette fois d'aliment, le Bahr-ei-Ghazal, Lado, l'Ouganda, les traités de délimitation de 1894 disant en général peu de chose aux imaginations. Du reste l'affaire Dreyfus absorbe et énerve les esprits. Ces circonstances, qu'on n'ose cependant qualifier d'heureuses, ont beaucoup contribué au règlement pacifique de la question. Des organes puissants, notamment *le Temps*, ont mené la campagne avec un esprit de modération et une subtilité de dialectique auxquels il convient de rendre hommage. Malheureusement, la plupart ont suivi les ministres dans la confusion que nous avons signalée plus haut. Ils ont plaidé longuement la thèse absurde du *res nullius*.

Or, puisque nous en sommes arrivés au point où tous les arguments, bons et mauvais, vont céder devant celui qui résultera d'une comparaison entre les forces des deux adversaires, montrons une fois pour toutes ce que cette thèse valait.

Que prétendait-on ?

1º Que l'Egypte n'exerçait, avant 1884, aucune autorité effective sur Fachoda, le Bahr-el-Ghazal et l'Equatoria.

Cela est-il soutenable ? Si l'Equatoria était sans maître, qu'y faisait donc le gouverneur égyptien Emin-Pacha ? Si son autorité y était nulle, comment se fait il qu'il refusa tout d'abord à Stanley d'évacuer la province, prétendant qu'il disposait de ressources suffisantes ? En 1878, le Bahr-el-Ghazal appartenait encore, il est vrai aux nègriers, mais à cette époque Gessi-Pacha s'y établit par conquête, y organisa un gouvernement sous le drapeau égyptien et pût transmettre le gouvernement à Lupton-Bey. Et celui-ci tint dans sa province longtemps encore après les premières victoires du

Mahdi. Quant à Fachoda, c'était un pénitencier égyptien. Une carte manuscrite de Gordon, datée de 1879 et publiée par le *Times*, mentionne Fachoda comme faisant partie administrativement de la province de Khartoum.

2° L'Egypte possédait ces territoires, mais les a abandonnés sans esprit de retour pendant l'insurrection mahdiste. Et pour preuve on cite : une lettre de Nubar-pacha à Emin, datée de mai 1885, où le gouvernement égyptien lui ordonne d'*abandonner* l'Equatoria ; les instructions envoyées en 1883 à Slatin, gouverneur du Darfour, comportant la remise du gouvernement de ce pays aux descendants *des anciens rois* et l'*évacuation* ; — un firman khedivial de 1884 prescrivant à Gordon d'*évacuer* le Soudan et rendant l'*indépendance* aux anciennes familles des rois du pays;—un projet d'organisation du Soudan par Gordon où il propose d'*évacuer et abandonner* l'Equatoria et le Bahr-el-Ghazal; — les instructions données à lord Woiseley où il est dit que l'on voudrait voir le Soudan *entièrement indépendant de l'Egypte.*

Que prouvent ces documents ? L'évacuation, l'abandon des anciennes provinces égyptiennes, que personne ne songe à mettre en doute, puisqu'ils ont eu lieu. Mais nous n'y voyons point l'abandon *sans esprit de retour.* Du reste, à qui l'Egypte remettait elle le pouvoir dans ses anciennes provinces ? Aux descendants des anciens rois, non point au Mahdi victorieux. Si ces descendants étaient remontés sur leurs trônes, leurs pays, cédès en due forme par l'Egypte à un gouvernement reconnu par elle, n'auraient pas été *res nullius*. Mais puisque c'était le Mahdi qui prenait le pouvoir, le Mahdi dont le gouvernement n'était reconnu par personne, les droits de l'Egypte restaient entiers. Elle les affirmait d'une façon suffisamment claire en entreprenant sans tarder la réorganisation de son armée pour reconquérir ces territoires abandonnés prétendûment *sans esprit de retour*. Et, de son côté, le gouvernement français les affirmait plus clairement encore par la bouche de son ministre des Affaires étrangères, M. Hanotaux, qui, le 5 avril 1895, au Sénat déclarait nettement : *ces régions ont un maître légitime, c'est le Khédive.*

Que reste-il de la doctrine du *res nullius ?*

Reprenons donc le récit des difficultés diplomatiques au milieu desquelles nous avons vu se débattre M. Delcassé et dont la fin est désormais facile à prévoir.

Le 25 septembre, M. Rennell Rodd, agent britannique au Caire, transmet à son gouvernement un télégramme du sirdar proposant de ravitailler Marchand et de mettre à sa disposition un vapeur égyptien pour le conduire avec tout son monde au Caire. Lord Salisbury fait simplement communiquer cette proposition à M. Delcassé. « Je suis prêt, répond celui-ci, à expédier au capitaine Marchand un télégramme au clair, l'invitant à envoyer au Caire un de ses officiers porteur de son rapport, dont la teneur serait télégraphiée par les soins de notre agence diplomatique.»Sir Edmund Munson lui demande si son intention est de ne pas rappeler le capitaine Marchand avant d'avoir reçu son rapport. « Il ne faut pas me demander l'impossible », répond le ministre. L'impossible, c'était le rappel de Marchand vingt-quatre heures après la constatation de sa présence à Fachoda, c'était le heurt de front avec l'opinion publique, malgré tout redoutable. Le gouvernement britannique le comprit : le 3 octobre, lord Salisbury accepta la proposition.

M. Delcassé gagnait donc quelques jours de répit. Comment va-t-il les employer? Bizarrement. La partie étant perdue d'avance, il double les enjeux. Au lieu de s'en tenir à la question de Fachoda, il soulève la question d'Egypte et se prépare par conséquent deux défaites au lieu d'une. Le 5 octobre, le baron de Courcèl en parle à lord Salisbury. En même temps, il essaie de concilier les idées de M. Hanotaux et celles de M. Delcassé : « M. Hanotaux a reconnu les droits du Khedive ...Mais si vous vous référez aujourd'hui à ces déclarations, il faut considérer l'esprit dans lequel elles ont été faites. Lorsque nous reconnaissions que les provinces du Haut-Nil pourraient être un jour légitimement réclamées par l'Egypte, cela voulait dire que le jour où leur sort définitif serait examiné, l'examen porterait sur l'ensemble de la question égyptienne. Je suis persuadé que M. Delcassé ne reculerait pas, au besoin, devant un semblable débat, même s'il ne partage pas entièrement les idées de M. Hanotaux sur la valeur effective des droits légitimes revendiqués au nom de l'Egypte... » Explication pénible et embrouillée, essai malheureux d'opportunisme diplomatique dont la conclusion seule se dégage clairement : « Vous nous parlez au nom des droits de l'Egypte, en vertu de quel mandat le faites vous ? »

On comprend qu'au point où en étaient les négociations relatives à Fachoda, devant la quasi-certitude que les Français céderaient, lord Salisbury était à l'aise pour opposer à cette question une simple fin de non recevoir.

Le 12 octobre, nouvelle et longue conversation entre le premier ministre et le baron de Courcel. Lord Salisbury aborde la question du rappel de Marchand. Au lieu de faire ses réserves, le rapport du capitaine n'étant pas encore arrivé, M. de Courcel trouve cette objection : Marchand ne peut pas s'en aller, parce qu'il n'a pas de vivres et que les Anglais ne lui permettent pas d'en recevoir. Aussitôt, naturellement, lord Salisbury d'offrir non seulement les vivres, mais encore une escorte. M. de Courcel s'empresse alors de changer de conversation et demande pour la France la partie navigable du Bahr-el-Ghazal. Cette conversation à bâtons rompus paraît avoir assez surpris lord

Salisbury. « L'*extrême généralité* de son langage, dit-il, et le *caractère oratoire* qu'il lui imprimait... m'ont mis dans l'impossibilité de formuler une opinion précise sur les *différentes* propositions qu'il *semblait désirer* me présenter. » Il n'y avait pas moyen de mieux laisser deviner à l'adversaire le désarroi dans lequel se trouvait la diplomatie du gouvernement français.

A la fin du mois, le capitaine Baratier arrive en France, envoyé par Marchand, que le ministre, en récompense de son exploit, a nommé chef de bataillon. En même temps lord Kitchener traverse la France pour se rendre à Londres. Mais le rapport apporté par le capitaine Baratier n'est à proprement parler qu'un journal de voyage incomplet. Quelques jours après le commandant Marchand lui même arrive au Caire, télégraphie son rapport et attend les instructions du gouvernement. Dans l'intervalle le cabinet Brisson est tombé et un cabinet Dupuy l'a remplacé. Ce qu'un ministère fait, en France, un autre ministère peut le défaire : l'affaire de Fachoda est donc examinée en conseil de cabinet. Les délais sont épuisés, le gouvernement britannique décidé à tout : il faut choisir entre l'évacuation et la guerre.

Il n'est pas possible de nier les préparatifs considérable faits en Angleterre. Nous nous trouvions à cette époque à Gibraltar : l'escadre britannique de la Manche venait d'y arriver, le hasard, qui est parfois intelligent, ayant voulu que sa croisière périodique l'eut précisément amenée là en ce moment de crise. Le canon de Gibraltar ne ferme pas le détroit : la forteresse n'est que l'anneau de fer dans lequel se glissera le verrou qui doit fermer le Méditerrannée. Or le verrou était en place, une quinzaine de grands vaisseaux, sans compter les torpilleurs et les destroyers, et deux croiseurs, occupés en face, devant Tanger. Il était impossible de ne pas être frappé de l'ordonnance majestueuse de cette escadre, une des plus formidables du monde. Elle aurait, en cas de guerre, pratiquement inutilisé l'escadre française de la Méditerrannée. De quels armements disposait à ce moment la France ? Tous les journaux avaient dénoncé l'insuffisance des fortifications de Brest, révélées par une visite du ministre de la marine. L'escadre de la Méditerrannée n'était pas prête. Le *Petit Var* annonçait, et le fait était exact, que les magasins de Toulon ne contenaient pas d'approvisionnements. Le *Journal des Débats* citait le fait d'un cuirassé qui avait pris la mer en oubliant les freins de ses canons, ce qui l'aurait empêché absolument de se servir de son artillerie. Enfin, si l'on s'en rapporte au tableau tracé par le ministre de la marine lui même, M. Lockroy, les escadres françaises étaient dans un état peu peu rassurant : un grand nombre de cuirassés et de croiseurs-cuirassés étaient inaptes à prendre part à un combat, soit qu'ils fus ent d'un modèle trop vieux (*Richelieu, Suffren, Colbert, Trident*), soit que leurs superstructures fussent trop lourdes (*Magenta, Amiral Courbet, Formidable*, leurs chaudières trop défectueuses (*Jaureguiberry,Baudin,Carnot,Massena*),soit encore que des avaries successives eussent dissipé la confiance qu'inspiraient certains vaisseaux (*Friedland, Dupuy-de-Lôme, Bruix*); les gardes-côtes étaient mauvais et les torpilleurs généralement inférieurs en vitesse aux torpilleurs anglais. Bref, la valeur totale de la flotte française était réduite par cet ensemble de constatations à quarante ou cinquante pour cent au-dessous des estimations officielles.

Engager la lutte dans de pareilles conditions eut été courir à un 1870 naval.

Il fallait céder, — le gouvernement français céda.

Loin de nous de vouloir, en constatant cettë nécessité, diminuer les éloges que cet acte de sagesse lui valût de la part de la presse européenne entière, quelques journaux français exceptés. Se rendre compte pleinement des exigences d'une situation, ne pas surestimer les forces dont on dispose et ne point engager à la légère son pays dans une guerre aux conséquences incalculables, sont des qualités qui ont trop souvent manqué aux gouvernements de la France pour que le gouvernement actuel de la République n'en soit pas élogieusement crédité.

Le vendredi 4 novembre une note officieuse annonçait à la presse parisienne que « le gouvernement français avait décidé de ne pas maintenir la mission Marchand à Fachoda ».

Le même jour lord Salisbury, au banquet offert par le lord-maire de Londres à lord Kitchener, annonçait la nouvelle dans les termes suivants, au milieu d'un enthousiasme facile à comprendre : « J'ai reçu cet après-midi de l'ambassadeur de France l'information que le gouvernement français était arrivé à la conclusion que l'occupation de Fachoda n'avait aucune espèce de valeur pour la République française ; et qu'il estimait que, dans ces circonstances, persister dans une occupation qui lui coûtait de l'argent et lui causait du préjudice, seulement parce que quelques mauvais conseillers pensaient que cela serait désagréable à un voisin déplaisant (*unwelcome*), ne montrerait pas la sagesse qui, je pense, a régulièrement guidé la République française ; et qu'il a fait ce que le gouvernement de tout autre pays aurait fait, je pense, dans le même cas, — qu'il a résolu que cette occupation cesserait »

Comme le premier ministre de la Reine le faisait entendre dans la suite de son discours, l'évacuation de Fachoda ne terminait cependant pas entièrement le différend. On se souvient, en effet, que le gouvernement britannique avait consenti à discuter avec le quai d'Orsay ses droits à l'occupation du Bahr-el-Ghazal, sur lequel, cependant, il maintenait ceux de l'Egypte

Le commandant Marchand, revenu à Fachoda.

a amené le paviilon français le 11 décembre, évacué la place et pris avec sa troupe le chemin de la Sobat et de l'Abyssinie.

Conclusions

Comme Belges, nous sommes en mesure de nous faire sur ce qui précède deux opinions complémentaires, la première tirée d'une observation impartiale des faits, la seconde fondée sur l'intérêt que nous avons dans une solution harmonieuse de la question du Haut-Nil.

Or, en toute impartialité, nous ne pouvons nous empêcher d'opposer l'esprit de suite, la logique parfois un peu brutale de la politique britannique à l'incohérence positive qui distingue, en cette question, le processus de la diplomatie française. D'où celle-ci est-elle partie ? D'une situation en Egypte égale à celle de la Grande-Bretagne, et lui conférant pour l'avenir les mêmes privilèges, les mêmes perspectives. Où a-t-elle abouti ? A se faire expulser comme une intruse, elle qui commandait en maîtresse au Caire, d'un coin perdu du Haut-Nil que Kitchener appelait « un marais infect. » Pourquoi et comment ? Nous l'avons vu, parce que M. de Freycinet refusa d'attaquer Alexandrie en même temps que les Anglais et déclina de supporter la responsabilité d'une situation qu'il avait contribué à créer. Nous avons vu un ministre désavouant la politique de son prédécesseur, Gambetta, qui voulait des mesures énergiques, renié par Freycinet, qui refusait de s'engager. Plus tard, quand il s'est agi de reconquérir dans la partie haute du fleuve la situation perdue dans le delta, des désaccords moins profonds sans doute, mais non moins réels, sont venus embrouiller à perte de vue la politique de deux autres ministres, Hanotaux succédant à Delcassé et effaçant ses traces, Delcassé succédant à Hanotaux et écrasant ses plates-bandes. Les négociations diplomatiques, qui évitent la guerre, sont elles-mêmes un combat : un désaccord dans le haut commandement amène généralement la défaite.

L'expédition Marchand, point d'aboutissement de plusieurs années de préparatifs et de réflexions, n'avait point de caractère précis. Trop forte pour être une mission «civilisatrice», trop faible pour être une armée il semble que sa composition ait été calculée pour qu'on ût exactement lui donner le caractère que les circonstances comporteraient et pour servir l'indécision persistante du gouvernement ou plutôt des gouvernements—français. Et même pourquoi ne le dirait-on pas ? Elle constituait une entreprise absurde au sens propre du terme, car des deux choses l'une : où le sirdar réussissait

à prendre Khartoum, et, appuyé par vingt mille
hommes il plantait son pavillon sans coup férir
sur Fachoda, ou bien il n'y réussissait pas, le
Khalife se retournait contre les Français et faisait
subir à Marchand le sort de Gordon et de Hicks.
Qu'il se trouve encore en France des hommes
pour exécuter de pareils desseins, cela fait l'éloge
de l'esprit général de la nation, mais non point
l'éloge du gouvernement qui consent à gaspiller
de pareilles énergies.

En Belgique, à l'occasion de cette affaire
de Fachoda, on n'a pas en général sympathisé
avec la France. L'acte de Marchand rappelait par trop celui de Brazza. Stanley descen-
dait le Congo comme Kitchener remontait le
Nil, dans un but connu et publié partout, à la tête
d'une expédition qui avait coûté à ceux qui
l'avaient formée beaucoup de peines et d'argent.
Brazza, comme Marchand, lui coupa délibérément
le chemin au nom de la France, et prétendit déjouer les plus vastes projets au moyen d'une «occupation effective» à bon marché. Les deux cents
Sénégalais de Marchand sont à l'armée de Kitchener ce que les trois hommes du sergent Malamine
étaient à l'expédition Stanley. « Notre impression
générale, écrit Kitchener en parlant de Marchand,
a été la stupeur qu'on ait tenté d'exécuter un projet d'une telle amplitude et d'un tel danger par
l'envoi d'une force si petite et si mal équipée. »
« Lorsque, dit Stanley en parlant de Brazza, il se

présenta à mes yeux sous la figure d'un pauvre
va-nu-pieds, qui n'avait de remarquable que son
uniforme en loques et son grand chaį eau déformé,
j'étais loin de me douter que j'avais devant moi le
nouvel apôtre de l'Afrique, un grand stratégiste,
un grand diplomate et un faiseur d'annexions. »
Pour rendre plus complète la comparaison, ajou-
tons que si le gouvernement français n'a pas su au
juste ce qu'allait lui rapporter l'établissement de
Marchand sur le Haut-Nil, il ne paraît pas qu'il
ait su davantage ce que Brazza allait faire du
Bas-Congo.

Certes, il est fâcheux pour les Français d'être
menacés de perdre aujourd'hui le Bahr-el-Ghazal,
où ils ont établi de nombreux postes. Mais sur ce
point encore, il se garderont sans doute de prétendre à la sympathie des Belges, qui étaient établis
dans ce pays avant eux et qu'ils en ont expulsé par
une diplomatie comminatoire en tous points pareille à celle qu'ils reprochent aujourd'hui aux
Anglais. Nombre de postes dans le Bahr-el-Ghazal
et la vallée du M'Bomou battaient autrefois le
pavillon bleu étoilé d'or qui sont occupés à présent
par les agents de l'administration de Libreville.(1)

Comme nous l'avons dit plus haut, la question
de Fachoda devait se résoudre au Caire, être sou-

____

(1) Voir, au sujet de l'expansion belge dans le Bahr-el-
Ghazal, les détails donnés par M. Wauters dans le *Mouvement Géographique* eu 1894, à l'époque des négociations franco-
congolaises au sujet de ce territoire.

levée en même temps que la question égyptienne, dans laquelle la France est interessée comme signataire de l'engagement réciproque de Therapia, du 25 juin 1882. L'Europe aurait vu avec satisfaction peut-être, sans étonnement dans tous les cas, le gouvernement français prendre l'initiative d'un congrès appelé à donner une solution pratique à la question d'Egypte. Sous ce rapport, en droit international, la situation des puissances à l'égard de l'Angleterre tutrice de l'Egypte es: exceptionnellement forte, car la convention de 1882, signée par la France, l'Autriche-Hongrie, la Russie, l'Italie, l'Allemagne et la Grande Bretagne oblige chacun de ces états à ne rechercher en Egypte « aucun avantage territorial, ni la concession d'aucun privilège exclusif, ni aucun avantage commercial pour leurs sujets, que ceux que toute autre nation peut également obtenir. »

Sans doute ces mots sont précédés d'une phrase qui détermine la limite de cet engagement : « dans tout arrangement qui pourrait se faire par suite de leur action concertée pour le règlement des affaires d'Egypte, » et il y a longtemps que ce concert ne se manifeste plus que dans les questions financières, laissant à l'Angleterre seule le poids des responsabilités dans certaines situations pleines de périls, celle du Soudan notamment. Il s'est produit là une sorte de prescription dont il est juste de tenir compte. Néanmoins l'esprit général de la convention subsiste et toute modification constitutionnelle de l'Etat égyptien doit nécessairement réunir l'assentiment, exprès ou tacite, de la majorité des signataires de la convention.

La situation de l'Angleterre en Egypte n'est donc pas qualifiée en droit international.

Néanmoins, s'il faut s'étonner d'une chose, ce n'est pas, à notre avis, de ce que les Anglais sont encore en Egypte, mais de ce qu'ils y sont encore *à titre provisoire*. Les premiers ministres qui se sont succédé à Westminster depuis l'entrée de lord Wolseley au Caire n'ont cessé, en effet, de proclamer le caractère provisoire de l'occupation. Or il n'est pas téméraire d'avancer que bien des puissances, pouvant se prévaloir des titres que possède l'Angleterre, auraient depuis des années converti cette situation provisoire en privileges effectifs.

Le plus bel exemple de ce que nous avançons nous est fourni par la France elle-même. L'Angleterre est entrée en Egypte pour protéger la vie de ses résidents. La France est entrée en Tunisie en 1881, pour protéger ses populations des frontières d'Algérie contre les incursions des Kroumirs. L'Angleterre a promis, en 1882, que son occupation ne serait que provisoire, réservant les cas de force majeure. Aujourd'hui, en 1899, après bientôt dix-sept ans, malgré les événements de toute espèce qui sont venus fortifier son influence, elle hésite encore à faire valoir des droits sur le pays.

La France, par le traité du 12 mai 1881 conclu

avec le bey de Tunis, qui lui confiait le soin de réorganiser l'administration de son pays, s'engageait (art. 2) a l'évacuer dès que cette administration serait suffisante. Quelques mois après, la Tunisie était pratiquement annexée.

La Tunisie, comme l'Egypte, a vu s'élever une insurrection dans le sud : la France l'a utilisée, non point pour prolonger l'occupation du pays, mais pour y établir son protectorat. La Tunisie, comme l'Egypte, avait pour suzerain légitime le Sultan. L'Angleterre a si peu combattu cette souveraineté qu'Abbas, le dernier Khedive d'Egypte, a reçu encore l'investiture d'Abdul-Hamid. La France, au contraire, quand la Turquie a protesté, l'a menacée d'une guerre et le Sultan se l'est définitivement tenu pour dit. Or la France comme l'Angleterre avait pris l'engagement de respecter l'intégrité de l'Empire Ottoman : au mépris de cet engagement elle s'est emparée de la Tunisie, et sous prétexte que l'Angleterre pourrait violer également sa promesse, elle se charge, seule de toutes les nations de l'Europe, de l'expulser d'Egypte.

Cette politique, on l'avouera, est au moins exigeante.

Remarquons à ce propos que l'objection la plus généralement faite à l'établissement des Anglais en Egypte, la nécessité de respecter l'intégrité de l'Empire ottoman, est de celles qui ne sauraient faire obstacle au règlement de la question, à moins de pousser le scrupule jusqu'à la délicatesse. Les cinq signataires de la convention de Therapia pourraient difficilement l'opposer à la Grande Bretagne : depuis que le traité de Paris de 1856 a solennellement proclamé l'intégrité des possessions du Sultan, l'Italie lui a pris Assab et plus tard Massouah; la France, la Tunisie; l'Autriche-Hongrie, la Bosnie et l'Herzégovine; la Russie, une partie de l'Arménie. Il n'y a que l'Allemagne qui ne lui ait encore rien pris, mais qui oserait jurer, à l'heure qu'il est, qu'elle n'en cultive pas l'intention ?

L'objection tirée des aspirations nationales réelles ou prétendues de l'Egypte ne peut pas davantage entrer en ligne de compte. Où en serait aujourd'hui l'Egypte si Arabi avait triomphé? «La sujétion à un gouvernement étranger supérieur en civilisation, a dit Stuart Mill, malgré ses inévitables inconvénients, constitue souvent le plus grand avantage pour un peuple : elle le transporte rapidement à travers plusieurs stages de progrès et écarte des obstacles à son amélioration qui auraient pu exister indéfiniment si ce peuple assujetti avait été abandonné sans assistance à ses tendances et chances originelles ». On ne peut nier que sous l'administration britannique l'Egypte ait réalisé de grands progrès, tant au point de vue matériel, qu'au point de vue moral. Sa situation financière et administrative, malgré les restrictions fréquemment opposées au gouvernement par le contrôle de la Caisse de de la Dette, est très satisfaisante (1), et quoique trop lourds encore, les impôts ont été fort réduits. Les Egyptiens et les étrangers créanciers de l'Egypte éprouvent tous les effets de ces progrès (2), et les adversaires les plus intransigeants de l'occupation anglaise sont forcés de les reconnaître.

Cette habileté d'administration, on le sait, est du reste une des caractéristiques de l'expansion britannique. Jointe à l'esprit d'initiative anglo-sa-

(1) Consulter la note publiée par M. J. Gorst, conseiller financier, au *Journal officiel* du Caire concernant le budget pour 1899.

(2) Appréciation égyptienne :

Le fils de Mousse el Akad, un des plus chauds partisans d'Arabi, écrit au journal arabe *Mokattam* (juin 1897) : « Avant l'occupation, l'Etat levait des taxes de toutes sortes s'élevant a 4 1/4 livres égyptiennes (92 sh, 4 d.) par feddan (acre); tandis qu'à présent il demande seulement 1 1/2 livre (30 sh 9 d.) par feddan. Les Mamours pouvaient insulter, fouetter et emprisonner les Omdehs avec impunité. Aujourd'hui la punition corporelle est abolie et pas même le simple laboureur dans les champs peut-être moleste arbitrairement par le plus haut fonctionnaire du gouvesnement.

» Auparavant le monde officiel, depuis le chef de l'Etat jusqu'au moindre employé de l'administration, dépouillait les fellaheen de tout ce qu'ils possédaient : mais au jour présent, grâce à l'occupation, l'inviolabilité de la propriété est assurée et le Khédive lui-même ne peut prendre un feddan de terrain, a moins qu'il ne l'achète avec le consentement du propriétaire et le paye intégralement.

» L'administration et les fonctionnaires du Palais, ainsi que leurs amis, monopolisaient l'eau du Nil pour irriguer abondamment leurs propres terres, sans aucun égard pour les plantations des infortunés fellaheen, qui étaient le plus souvent asséchées. Actuellement, le pauvre fellah a le même droit à l'eau que le plus haut dignitaire de l'Etat. Autrefois,

xon, elle donne, en matière de colonisation, des résultats que la France est loin d'atteindre. Il suffit pour s'en rendre compte de comparer le développement du Congo français à celui des territoires britanniques de l'Afrique australe. A l'époque où les Français fondèrent Libreville, les Anglais n'atteignaient pas le fleuve Orange. Depuis, malgré d'incessantes guerres contre les Boers, les Zoulous, les Matabele, ils ont consolidé leur colonie du Cap, fondé les colonies de Natal, du Basutoland, du Bechuanaland, de la Rhodesia et du Central Africa Protectorate ; créé, jusque dans le bassin du Zambèze, des villes comme Fort Salisbury, qui ont des hôtels, des journaux et des clubs de foot-ball; couvert l'Afrique du Sud d'un réseau serré de voies ferrées et de lignes télégraphiques,

la vie des personnes était à la merci de l'autorité administrative, qui les tuaient ou les exilaient sans aucune forme légale.

»Actuellement personne n'est au-dessus de la loi. Les fonctions publiques étaient données au plus offrant, mais aujourd'hui elles sont attribuées au plus capable. Les accusations fausses étaient à l'ordre du jour et, à la suite de la moindre bagarre, les notables des villages devaient invariablement payer les rançons au Mudirs pour ne pas être gratuitement accusés de troubler l'ordre. Les marchands et les manufacturiers payaient une taxe professionnelle, qui est abolie maintenant.

» Le ministère des finances était la caisse privée de Khedive, qui prenait pour lui et ses favoris les terres et les fonds publics. A présent ce ministère est indépendant des caprices du chef de l'Etat. Le Khedive, les fonctionnaires publics et leurs amis forçaient les fellaheen à travailler en corvée sur leurs terres, les obligeant à creuser des canaux, à construire des digues et des routes pour le bénéfice des grands domaines, au préjudice des petites propriétés, qui souffraient ainsi

7

et poussé le chemin de fer jusqu'à Boulouwayo, à plus de deux mille kilomètres du Cap. Au Congo français, il n'y a encore ni chemins de fer ni routes.

Les acquisitions coloniales que la France doit à la vaillance de ses officiers et de ses explorateurs sont en disproportion de l'esprit d'entreprise de sa population; c'est pourquoi tant d'écrivains autorisés blâment des conquêtes plus coûteuses que profitables, et que tant d'autres recommandent au préalable une réforme radicale dans l'éducation de la jeunesse. L'Angleterre, au contraire, est en mesure d'exploiter les territoires dès qu'elle les annexe, et si cela ne légitime point ses conquêtes, du moins cela les explique.

Ceci étant donné, il est fort admissible que l'Angleterre consente à régulariser sa position en

du manque de bras. Quand à la corvée administrative, elle existait pendant toute l'annee. Aujourd'hui elle n'est obliga-toire qu'en cas de danger public. La culture du coton, qui était limitée, a doublé pendant cette ère de justice et d'éga-lité devant la loi. »

Appréciation étrangère :

M. Frédérick C. Penfield, ancien agent diplomatique des Etats-Unis en Egypte, écrit dans la *North American Review* de décembre 1898 :

« Le peuple d'Egypte a-t-il matériellement bénéficié de l'administration britannique? Incontestablement. Quoiqu'im-populaire dans presque toutes les classes d'Egypte et con-damnée pour toute l'Europe, l'occupation a fait un bien con-sidérable... L'Egypte est elle capable de *self government* ?... L'Egypte n'est pas capable d'un complet *self government* en ce moment, car elle n'a pas une classe de fonctionnaires instruits dans les matières de haute administration. Certai-nement, aucune autre nation ne devrait jamais être autorisée à supplanter les Anglais comme administrateurs ou « occu-pants » de l'Egypte. »

Egypte et à lui donner un nom puisé dans le code de droit internationales, mais il est infiniment peu probable,par contre,qu'elle consente à abandonner un territoire que ses efforts ont fécondé, et contre lequel aucune puissance européenne n'est en mesure de lui offrir une compensation acceptable.

Un bref tableau des avantages que réunit pour la Grande-Bretagne le contrôle de l'Egypte suffit pour le prouver :

1º L'Egypte est le terminus d'une voie trans-africaine destinée à mettre en valeur une chaîne entière de colonies britanniques ;

2º L'Egypte est devenue pour l'Angleterre un marché de première importance. Sur un total de 2,132 navires jaugeant 2,123,591 tonnes arrivés en 1896 à Alexandrie, 610 jaugeant 934,450 tonnes battaient pavillon britannique. Le mouvement maritime de l'Angleterre est supérieur à celui des quatre nations réunies qui la suivent de plus près, la France, l'Autriche, la Turquie et la Russie.

L'Angleterre envoyait, en 1896, pour 835,369 liv. st. de charbon, et pour 1,520,708 liv. st. de cotonnades en Egypte. Elle tirait du pays pour 342,538 liv. st. de légumineuses, pour 221,147 liv. st. de sucre. L'intérêt qu'elle possède dans la culture du coton est énorme : ses importations, en 1896, s'élevaient à 1,590,429 liv. st. pour les semences de coton, et à 6,833,315 liv. st. pour le coton brut. C'est un des raisons majeures pour lesquelles elle ne peut tolérer sur le haut Nil la présence d'une nation étrangère qui, en établissant des irrigations, pourrait diminuer la quantité d'eau dans les terres du bas Nil au point de ruiner la culture cotonnière (1). Au total le Royaume-Uni envoyait, en 1896, en Egypte, pour 3,777,966 liv. st. de marchandises et en recevait pour 9,659,376 liv. st. soit un mouvement d'ensemble de 13,437,342 liv. st. ou d'environ 335,935,000 francs. Ce qui équivaut, en chiffres ronds, aux trois cinquièmes du trafic total de l'Egypte et au quintuple du commerce de l'Egypte avec la France et l'Algérie, qui figurent au second rang sur les tableaux statistiques.

3° L'Egypte est le chemin le plus court vers les Indes. Le canal de Suez relie directement l'Angleterre à ses colonies de l'Indo-Birmanie, à ses possessions actuelles et futures en Chine, à l'Australie, et à la Nouvelle Zélande. En abandonner le contrôle à une puissance étrangère, serait inutiliser à peu près totalement sept possessions anglaises : Gibraltar, Malte, Chypre, Périm, Aden, Zeila, Socotra. Ce serait compromettre irrémédiablement un trafic dont l'énorme supériorité sur le trafic des autres nations ressort des chiffres suivants :

---

(1) Dans la convention avec l'Italie, au sujet de la cession temporaire de Kassala, cette nation s'interdisait les travaux d'irrigation dans la région occupée.

Navires ayant franchi le canal de Suez en 1896 :

	Tonnage	Nombre
Allemands	1,120,580	322
Français	819,919	218
Italiens	594,179	230
Hollandais	520,994	200
Austro-Hongrois	233,922	71
Espagnols	267,769	62
De nationalités diverses	424,789	144
Anglais	8,057,706	2,162

Ce serait surtout risquer de perdre, en temps de guerre, l'usage d'un passage que les plus grands navires de guerre de la marine britannique franchissent aisément, d'être obligé, par consequent, de renforcer et de ravitailler les Indes par la voie du Cap, en deux fois plus de temps. Or, en cas d'invasion des Indes, un retard de quelques jours peut être irrémédiable et exposer l'Angleterre à perdre la perle de ses colonies, une armée de deux cent quatorze mille hommes, une population de trois cent millions d'hommes, une surface cultivée de soixante quinze millions six cent mille hectares desservie par trente deux mille kilomètres de voies ferrées, un mouvement maritime de 3.300,000 tonnes, représentant 4.350 navires, caboteurs ou au long cours, (1) enfin un mouvement commercial total entre la colonie et sa métropole (1896) de 55,383,265 livres sterling, c'est-à-dire

______

(1) Le mouvement maritime n'est que du sixième.

d'une somme annuelle d'environ un milliard trois cent quatre vingt millions de francs. Fortune qui mérite évidemment qu'on se donne quelque peine pour la garder.

Pour ces trois raisons principales, l'évacuation pure et simple de l'Egypte, telle qu'on s'obstine à l'escompter dans certains cercles politiques, est donc plus qu'improbable. Ce n'est peut être pas l'équité stricte, mais c'est la loi commune qui règle l'expansion économique des nations. *Dura lex, sed lex.*

L'expansion britannique au travers du Centre africain ainsi prévue par une évaluation impartiale de faits, il convient de nous placer également au point de vue des intérêts propres de l'Etat Indépendant du Congo.

Le traité anglo-congolais de mai 1894 existe toujours. Cela résulte à la fois du fait que l'Angleterre n'a eu aucune part aux négociations franco-congolaises qui en ont modifié les conséquences immédiates, et des déclarations de lord Salisbury. Le gouvernement anglais, en renonçant provisoirement, sur la demande du roi Léopold, à se prévaloir de la clause qui lui cédait une bande de territoire reliant l'Ouganda au Tanganyka, a consenti simplement à en suspendre les effets, mais non l'existence. Dès que les négociations franco-anglaises auront restitué au gouvernement britannique tout ou partie du Bahr-el-Ghazal, le traité peut-être mis en vigueur.

Il importe de dire ici que les Anglais ne paraissent plus aussi partisans qu'autrefois de la cession du Bahr-el-Ghazal à l'Etat du Congo, soit qu'ils aient appris à en apprécier davantage la valeur, soit que l'attitude expectative du Congo les ait indisposés contre les Belges. Il va de soi que nous ne parlons ici que de l'opinion publique manifestée par la presse, les dispositions du gouvernement du Royaum : Uni restant le secret des chancelleries. On se rappelle, en effet, que quelques journaux anglais reprochèrent à l'Etat du Congo de convoyer par le chemin de fer de Matadi une partie du matériel destiné à Liotard dans le Bahr-el-Ghazal.

Cependant, l'Angleterre a un intérêt capital à posséder une bande de territoire reliant le nord de l'Afrique britannique au sud. Il ne semble pas qu'elle ait à espérer quelque chose de ce côté de l'Allemagne, et il y a de fortes chances pour que le bruit d'une concession de ce genre contre l'abandon de Walfish-Bay, qui a couru il y a quelque temps, soit un simple canard. La convention de mai 1894 donne au contraire, sous ce rapport, une satisfaction complète aux projets britanniques. Elle cède à l'Angleterre 'une bande de vingt-cinq kilomètres de large avec un port sur le Tanganyka et lui donne le droit d'etablir des lignes télégraphiques sur les territoires de l'Etat Indépendant. La grand-route transafricaine actuelle fait des détours. De Buluwayo, dernière station du chemin de fer dans l'Afrique australe, elle court sur Salisbury, atteint et descend le Zambèze, emprunte la voie du Chire et du lac Nyassa, joint le Tanganyka par un chemin de caravanes, puis entre sur territoire allemand et gagne ainsi, par le Victoria-Nyanza et un chemin de caravanes le lac Albert, que les vapeurs et, dans le nord, les chemins de fer, mettent en communication directe avec le Caire. La durée actuelle du voyage est de 85 jours. (1) Quand le chemin de fer atteindra le sud du Tanganyka et que le nord du lac sera relié directement par une autre voie ferrée au lac Albert, on pourra traverser l'Afrique d'un bout à l'autre en un mois ; le territoire allemand sera évité et, si la convention de 1894 entre en vigueur, un Anglais pourra faire le voyage entier, en chemin de fer et en vapeur, sans quitter d'une semelle le sol anglais.

Il n'est pas nécessaire d'insister sur la valeur d'un pareil avantage, qui vaut bien le sacrifice du Bahr-el-Ghazal, malgré l'importance économique de ce territoire. Contrairement, en effet, à une opinion assez répandue, le pays des Rivières est loin de ressembler à un immense et pestilentiel marécage. Lupton-Bey, ancien gouverneur de la province, se vantait d'être le seul gouverneur du Soudan khedivial qui pouvait donner en une année au gouvernement du Caire un bénéfice net d'un million et demi En 1883, il déclarait avoir 2,500

---

(1) M. Lionel Dècle dans le *Daily Telegraph*.

cwt d'ivoire et 300 cwt de caoutchouc attendant le transport. Les difficultés des communications étaient le seul obstacle à l'exploitation de la province. C'est pourquoi on préférait tirer du pays seulement les produits qui représentaient une grande valeur sous un petit volume. L'ivoire y existait en abondance : toutes les années on tuait de cinq à six mille éléphants. S'il l'avait pu, Lupton aurait su faire produire au Bahr-el-Ghazal assez de coton, disait-il, pour en fournir le monde entier Gessi-Pacha, le prédécesseur de Lupton, n'était pas moins enthousiaste que lui de sa province. Slatin-Pacha, dans son livre récent, en dit ceci : « C'est un district des plus fertiles, s'étendant sur une superficie énorme, arrosé par un labyrinthe de rivières et couvert de montagnes et de forêts dans lesquelles les éléphants abondent, tandis que les vallées sont sujettes à des inondations. Le sol est excessivement fertile, et produit des quantités de caoutchouc et de coton. Le bétail est abondant. » (1)

Ce n'est donc pas précisément d'un marécage improduciif que s'enrichirait l'Etat du Congo s'il rentrait en possession de ces vastes territoires. Le vaste système artériel qui les dessert lui permettra d'y établir à bon compte des communications par eau et de l'exploiter rationnellement.

Quant à l'administration du pays, elle serait suivant toutes probabilités d'une relative facilité.

---

(1) *Feuer und Schwert im Sudan.*

Ce n'est pas sans raison que Gordon voulait s'y réfugier p ur tenir tête au Mahdi et demandait dans ce but le concours des Belges. Les Azandés passent pour être d'excellents soldats et le régime social de leurs tribus se prête à une organisation rapide. «J'en estime le nombre, dit Slatin en parlant de cette population, à cinq ou six millions. Eile est capable de donner d'excellents soldats. D'autre part, les dissess ons féodales qui existent parmi les différentes tribus empêchent la réunion des habitants en un tout national ; de là la facilité avec laquelle les étrangers obtiennent de l'ascendant dans la province et peuvent créer une efficiente armée locale. » (1)

La position en apparence excentrique du district du Bahr-el-Ghazal disparaît si l'on tient compte de l'extension jusqu'à Fachoda que donnerait à l'enclave de Lado actuelle la mise en vigueur de la convention de 1894. Ce n'est même qu'à cette condition que la Haut-Nil congolais acquerra pour l'Etat l'importance qu'il avait tout d'abord

En effet, dès que les communications par steamer seront établies entre Khartoum et le lac Albert, on pourra se rendre par Alexandrie et Khartoum à Redjaf en vingt deux jours et à Meshra-el-Rek, l'ancien et le futur port du district des Rivières, en vingt jours. Inutile d'insister sur les avantages

---

(1) Lire aussi à ce sujet un important article de M. J. T. Wills dans la *Fortnightly Review* de décembre 1898 : *New iight on the Bahr-el-Ghasal frontier.*

qu'on pourrait retirer de cette voie nouvelle pour le commerce du Bahr-el-Ghazai, surtout si une convention concernant la navigation du Nil venait en règler le régime. C'est à la suite d'une acquisition pareille que l'Etat Indépendant trouverait l'équilibre que réclame l'étendue de ses territoires et leur position centrale, équilibre dont nous parlions au début de cette étude et qui consiste à s'appuyer sur les deux plus grands fleuves de l'Afrique pour utiliser les débouchés qu'ils offrent sous des latitudes différentes.

L'entente avec l'Angleterre est donc recommandable. Le développement des districts reculés de l'Etat Indépendant est intimement lié à la réussite de la grande voie transafricaine dont les Anglais ont entrepris la construction et nous aurions tort d'adhérer à une politique négative qui, sous prétexte d'émanciper un peuple, contrecarre un vaste projet qui doit avoir pour conséquence d'un émanciper plusieurs.

P.-S. – Au moment de mettre sous presse cet opuscule, trois faits importants se sont produits.

M. Cecil Rhodes à ouvert à Bruxelles et à Berlin des négociations relatives au passage du télégraphe et du chemin de fer transafricains sur le territoire congolais ou allemand. On n'en connaît pas le résultat.

Un traité est intervenu entre la France et l'Angleterre qui dépossède la première du Bahr-el-Ghazal moyennant des compensations dans la région du Tchad et la liberté du transit vers le Nil. Lord Salisbury a annoncé au Parlement la présence simultanée de l'expédition du major Martyr et des soldats congolais de Redjaf à Bôr, sur le Haut-Nil, au nord des limites de l'Etat Indépendant.

Des informations de sources diverses signalent le départ de Boma d'une expédition belge, destinée à coopérer avec les Anglais à la conquête du Haut-Nil sur les partisans du Khalife, et parlent d'une entente anglo-congolaise relative à l'annexion de ces territoires.

Ces faits vérifient une partie de nos conclusions.